크리스천 돈 공부

어쩌다 재테크

초판발행 2021년 7월 28일

지은이 김은주

기획 우지연
편집 나란희
펴낸이 송희진
퍼실레이터 스티븐jh
디자인 김선희
경영지원 박봉순 강운자
펴낸 곳 한사람
등록번호 제894-96-01106호
등록일자 2020년 2월 1일
주소 서울시 중구 퇴계로8길 49-19
홈페이지 https://hansarambook.modoo.at
블로그 https://blog.naver.com/pleasure20

ISBN 979-11-974132-4-7

ⓒ 저자와의 협약으로 인지는 생략했습니다.
이 책의 저작권은 저자와 독점계약한 한사람 출판사에 있습니다.
무단전재와 무단복제를 금합니다.
잘못 만들어진 책은 구입한 서점에서 바꿔드립니다.

어쩌다 크리스천 재테크 [차례]

프롤로그 | 기적이란 무엇일까   08

Chapter 1.
너무 가난해서 하나님을 잃었습니다   10

현금서비스기는 하나님이시니   12
하나님, 내 삶에 주인 되신 날   16
이력서 100장 쓰고 면접 30번   18
1995년 8월, 하나님과 첫 만남   19
지각이 불러온 화근(?)   24
수능 전날 문 닫은 회사   28
입학금의 기적, 이웃집 아줌마   30
하나님 저 공부시켜주세요   36
잃어버린 것은 하나님이었습니다   41

Chapter 2.
세상에 공짜는 없습니다   46

재정 훈련은 필요합니다   47

첫 해외여행은 일본 선교 49
10번 이상 일본을 갔습니다 50
또 현금서비스, 이번에는 노숙자에게 57
빚, 또 빚, 그래도 헌금은 59
친구에게 돈을 빌렸습니다 62
돈은 인격이 있습니다 65
하나님께 재정을 구하는 기도를 시작했습니다 71
나를 위해 기도해준 사람, 예언을 멸시치 말고 74
교통사고와 보험금 77

Chapter 3.
절약하는 것을 처음 배웠습니다   80

일본 길에 동행한 빚 친구, 삼천만 원 81
이제 시집갈 수 있겠구나, 아니 다시 원점으로 84
나와 같은 영혼을 가진 사람 87
이제 시집갈 수 있겠구나, 진짜 94
우리 집안과 다른 시댁 집안 96
하나님의 후회하지 않는 딸이 될게요 98

**Chapter 4.
어쩌다 재테크, 집이 두 채 생겼습니다** 100

첫 번째 아파트를 샀습니다 101

곰팡이 반지하 친정집 104

재정에 대한 첫 음성, 내가 너에게
물질의 복을 주겠다 112

단독 집을 샀습니다 114

그 후에 일어난 기적 119

**Chapter 5.
재정 훈련을 받고 있습니다** 124

억지로라도 하나님 때문에 효도합니다 125

욕심으로 날린 2천 5백만 원과 두 번째 아파트 132

20년을 넘게 실천하는 습관 134

드릴 건 없고 나를 바칩니다 136

개척을 지원하라 142

내 전공은 카드 돌려막기에서
사람 살리는 사람으로 145

[20대 30대 크리스천 청년에게 더 말해 주고 싶은 이야기] 154

1장 너무 가난해서 하나님을 잃었습니다

1. 우리 인생의 최대 자산은 바로 하나님이시다   155
2. 가장 값지고 귀한 자산은 노동할 힘이다   155
3. 돈에 대해 가지고 있는 나의 심리를 파악하자   156

2장 세상에 공짜는 없습니다

1. 하나님을 향한 대가를 선 지불하라   158
2. 모든 빚에는 대가가 있다   159
3. 대가를 이용할 수 있는 사람이 돼라   159
4. 레버러지 그 이상을 뛰어넘는 감각을 키워라   162

3장 절약하는 것을 처음 배웠습니다

1. 성경은 절제와 나눔을 좋아한다   164
2. 하고 싶은 것 다 하고는 돈을 모을 수 없다   165
3. 결혼 비용을 아끼자   165

4. 자산을 불리고자 할 때   166

4장 어쩌다 재테크, 집이 두 채 생겼습니다

1. 부동산은 꼭 사야 할까?   169

2. 청약만큼 좋은 것은 없다.   172

3. 이자율은 그 사람의 경제력을 말한다   174

4. 준비됐는가? 유목민의 삶!   177

5장 재정 훈련을 받고 있습니다

1. 당신의 안 좋은 습관은 무엇입니까?   180

2. 새로운 것을 시작할 수 있는 준비를 하자   182

3. 부부가 함께 재산을 모아라   183

4. 7년의 풍년 동안 대비하라   184

프롤로그

 기적이란 무엇일까? 지금까지 살아온 나의 삶을 '기적'이라 부를 수밖에 없다. 가난한 집 막내딸로 태어나, 한 번도 돈 고민에서 벗어난 적이 없었던 것 같다. 초등학교 시절 공병을 팔아 50원을 모았던 것도, 집안에 고철을 모았던 것도 너무 당연했다. 그저 가난이라 하기에는 너무 힘든 삶이었다. 지독한 가난함 덕에 돈을 아끼며 살기보다는 피해의식처럼 돈이 생기면 흥청망청 쓰기도 했다. 그때도 예배를 드렸지만 재정과 하나님은 별개의 사안이라 생각했다. 꿈이라는 것도 없었다. 이런 내가 지금 재정에 대한 책을 썼으니, 이것 또한 기적이다. 돈 없이 사는 것을 가장 무서워했던 내가 받은 것은 재정에 대한 훈련이었다. 재정 훈련은 하나님을 어떻게 생각하고 믿는 지와도 관련된다. 그래서 나는 다른 사람과 비교하면 아무것도 아닌 재정이라 할지 모르지만, 오히려 나와 비슷하게 아무것도 자기 것이라고는 없었던 일명 '흙수저'들에게, 그리고 빚에 치이며 살아가는 크리스천에게, 특히 내가 용기를 주고 싶은 청년들을 위해 이 글을 바친다. 쓰는 내내 다시 한번 기적이었음을 회고한다. 그런데 이 기적은 당신에게도 일어날 수 있다. 이 소망 때문에 글을 썼다. 이런 이유로 지금보다 더 부족하고 어리숙했던 재정과 관련된 이야기를 용기내 털어놓는다. 부디 하나님을 믿으며 희망을 잃지 말라는 말을 하고자 한다. 섣부르게 삶을 포기하려고 하는 사람들에게도, 그리고 돈이 없어서 공부를 포기하려고 하는 사람들에게도 하나님이 함께하시길….

1장

너무 가난해서 하나님을 잃었습니다

2014년 청년부 사역을 할 때 교구 청년들에게 재정에 관한 간증을 전했다. 그때 나는 1년 동안 3천만 원 갚은 간증을 이야기했다. 그 간증이 끝나고 한 청년이 다가와 말했다.

"전도사님, 전도사님의 연봉이 얼마인데
1년 만에 3천만 원을 갚을 수가 있죠?"

그 질문을 듣고 다시 생각에 잠겼다. '내가 어떻게 1년 동안 3천만 원을 갚을 수 있었더라?' 대개의 사람은 빚을 갚았다고 하면 월급에서 아끼고 저축해 빚을 갚은 것으로 생각한다.

하지만 나는 당시 실수령액이 200만 원이었다. 전부를 저축해도 불가능한 금액이었다. 이 이야기를 하려면 내가 가장 많은 빚을 졌던 2008년으로 돌아가야 한다. 그 당시 나의 빚은 4천만 원이었다.

현금서비스기는 하나님이시니

2008년 34살, 당시 나는 성북의 한 교회에서 사역하고 있었다. 당시 나는 박사 과정을 시작했고 그때 등록금은 550만 원이었다. 그리고 900만 원에 구입한 빨간색 마티즈가 있었다. 옷은 항상 백화점에서 샀고 구두도 발뒤꿈치가 벗겨지는 합성피혁 신발을 피해 가죽 신발을 신어야 했다. 학자금 융자, 마티즈 할부금, 허세 비용들, 책값과 밥값 등 외모를 꾸미고 품위유지비라고 사용한 비용은 4천만 원이었다.

지금도 돌이켜 보면 정말 부끄러운 시간이었다. 그런데 이렇게 큰 빚보다 더 큰 문제는 매달 350~400만 원의 카드 마이너스였다. 처음에는 현금서비스를 받아 막았다. 그러다 현금서비스의 한도가 바닥이 나자, 친구들이나 주변 사람에게 돈을 빌리기 시작했다. 빚을 지는 삶은 비참하지만 매달 350만 원 이상의 현금을 막지 않으면 사역도, 삶도, 공부도 할 수 없게 된다는 것 때문에 사람들에게 부끄러운지도 모르고 아쉬운 소리를 했다.

소위 개념이 없어진 나는 25%의 현금서비스 이자율과

신용대출 기본 11%의 이자율을 대수롭지 않게 생각했다. 예를 들어 350만 원의 25% 이자율을 계산하면 한 달에 약 72,916원을 이자로 낸다. 그리고 이 금액이 1년 동안 모이면 874,999원이다. 이 금액을 보면 이제는 엄청 큰돈이라는 것을 알지만 당시에는 돈에 대한 개념이 없었다.

그리고 가난한 집 딸인 내가 어쩌다 카드 돌려막기 인생이 되었는지 다시 생각해봤다. 대학을 다닐 때 학비는 장학금으로 해결했고, 마포에서 안산까지 교통비는 버스와 전철을 타고 다녔다. 틈틈이 아르바이트를 다니며 벌어들인 30만 원이 용돈이었다. 장학금을 타지 않으면 학교에 다닐 수 없다고 생각하니 할 수 있는 일이 공부와 아르바이트였다. 이 두 가지에 목숨을 걸었다. 치사한 것은 알지만 1등을 빼앗기고 싶지 않아 수업 노트를 빌려주지 않았다. 무려 4년 동안이나 말이다.

아르바이트는 학교 복사실에서 했다. 죽어라 복사만 하면 되는 거였지만 시험 기간에는 일이 정말 많았다. 공부만 하는 애들이 제일 부러웠다. 아르바이트비로 받는 30만 원은 꽤 큰 돈이다. 하지만 옷 사고, 책 사고, 차비하고, 저녁 먹고 하다 보면 받자마자 금방 사라졌다. 이런 습관은 대학교 때부터 33살이 될 때까지 계속되었던 것 같다. 돈 받고 다 쓰고. 이런 패턴이 아예 잘못된 습관으로 자리 잡았다.

돈이 떨어지면 엄마에게 차비를 달라고 했다. 많이 줄 수도 없는 형편이라 딱 차비만큼, 혹은 모자란 금액으로 받았다. 수업이 늦게 끝나 배가 고플 때면 친구가 사 먹는 저녁밥을 얻어먹었다. 옛날엔 학교 식당에서 밥을 많이 줬다. 이게 살아가는 방법이었다.

그래도 힘이 들면 기도했다. 차비도 없고 돈이 하나도 없었다. 많이 달라고 한 것도 아니고 천 원만 달라고 했다. 내게 천 원은 하나님께 최소한의 양식으로 구하는 기도였다. 삶의 태도는 흥청망청이었으나 모양은 꽤 경건했다. 믿음이 있어도, 하나님을 아는 지식이 있다고 해도 재정관을 고치지는 못했다. 그렇게 다 쓰고 고생하고 살아도 천 원이 좋은 것 같았다. 절제하지 못하고 우선순위가 바르게 잡혀 있지 않았던 나의 삶의 결론으로 빚어낸 일이라는 생각은 꿈에도 없었다. 그때까지도, 아니 33살이 될 때까지도 잘못된 줄 몰랐다.

그러던 어느 날, 너무도 익숙하게 사용하고 필요할 때

면 아무렇지 않게 뽑아 사용한 현금서비스를 하나님처럼 생각하고 살았다는 것을 깨달았다.

'나는 현금서비스 기기를 하나님으로 모시고 살았다.'

재정을 하나님께 구한 적도 없지만 필요할 때마다 현금서비스기에 구하는 것이 이상하지 않았다. 현금서비스는 왜 사용하냐고 묻지 않았고 어떻게 사용할지를 묻지 않는다. 필요한 금액을 누르면 누른 만큼 현금서비스는 친절하게 얼마든지 줬다. 세상에서 가장 인자하고 마음씨 좋은 사람 같았다. 현금서비스까지 받을 이유는 별로 없었다. 그저 친구에게 밥을 사주면서 그때 느끼는 감정이 나 자신이 성공한 것처럼, 능력 있는 사람인 것처럼 느끼게 해주는 그것이 좋았다.

하지만 친구와 헤어지고 혼자 있을 때면 더 비참한 기분이 몰려왔다. 33살이 되기까지 결혼도 못 하는 나. 현금서비스 기기를 하나님으로 모시고 살던 나. 가난하고 초라해 보이기 싫어서 비싸고 좋은 옷과 신발 장신구로 자신을 치장하려고 했던 허세에 절어있는 나. 빚을 지면서라도 공부하고 학위를 받고 싶어 했던 나. 이게 진짜 나였다.

하나님, 내 삶에 주인 되신 날

나의 꿈은 중학교 1학년 때 내가 정했다. 집이 가난하다는 것을 어릴 적부터 알았던 나는 중학교 1학년부터 상업계 고등학교 야간에 들어가는 것을 꿈으로 삼았었다. 낮에는 사환으로 일하고, 밤에는 야간에서 공부하면 된다고 생각했다. 이게 내가 꾼 첫 꿈이었다. 그리고 중학교 3학년이 될 때 여자상업고등학교 야간에 지원했다. 당시 내가 지원한 학교는 한국에서 두 번째로 공부를 잘한다는 학교였다. 그래서 주간에 들어가려면 상위 성적 5% 안에 들어야 했고 야간은 별로 지원하지 않기 때문에 하위 70%도 가능했다. 그래서 나는 하위 성적 70%에서 안전하게 들어가기 위해 50%까지 최고로 끌어 올렸고 야심차게(?) 야간을 지원했다.

그리고 지원한 후 얼마 안 되어 학교에서 연락이 왔다.

"김은주 학생 집이죠?
이번에 우리 학교 주간이 80명이 미달로 인해
김은주 학생을 주간으로 편입시켰으면 합니다.
어떻게 생각하세요?"

깜짝 놀랐다. 다른 집 같으면 "할렐루야"를 외쳤을지 모르지만, 우리 집은 학교에서 온 전화 때문에 심각해졌다. 은주가 야간을 안 가면 학비는 누가 대는가에 대한 안건이었다. 그때 오빠가 자신이 돈을 벌어서 은주 학비를 줄 테니 주간에서 공부하게 해주자고 했다. 그래서 주간에 학교를 다닐 수 있었다.

그렇게 주간에 들어가서 본 첫 번째 시험 결과가 나왔다. 53명 중에 52등이 나왔다. 이렇게까지 공부를 못하지는 않은 것 같은데 생전 처음으로 꼴등에서 두 번째 등수를 받았다. 나는 너무 큰 충격을 받았다. 중학교 시절 나의 성적은 아무리 못해도 40등 이상은 내려가지 않았다. 그것도 거기서 거기이지만 말이다. 그래도 이건 너무 심했다. 그래서 그날 다락방에 올라가 문을 걸어 잠그고 울며 기도했다.

> "하나님 저를 30등 안에만 들게 해 주시면
> 제가 주의 종이 되겠습니다!!!"

우선 용서를 구한다. 그때는 이런 기도를 많이들 했었다. 나도 이 기도가 뭔지 모른 채 그렇게 기도를 했다.

이력서 100장 쓰고 면접 30번

고등학교 때 나는 난시라는 이유로 키가 꽤 큰데도 앞에 앉았다. 그런데 신기한 일이 있었다. 과목 선생님들이 들어올 때마다 다들 나에게 관심을 가진 것이다. 내가 키도 크고 안경도 쓰고 앞에 앉으니 공부를 잘하는 애라고 생각하는 듯했다. 그렇게 관심을 받다가 중간고사 시험 결과가 나오면 그때부터는 관심이 사라졌다. 매번 그랬다.

안경을 쓰고 난시가 심해 잘 보이지 않아 인상을 나도 모르게 찡그렸다. 딱히 재미있던 일도 웃을 일도 없긴 했지만 말이다. 이것이 나의 인상이 되었다. 성적도 나쁘고 인상도 좋지 않으니 이력서 100장을 썼지만, 결과는 똑같았다.

어렵게 서류를 통과하면 인상이 그리 좋지 않았기에 계속 떨어졌다. 100번의 이력서를 제출하고 그중에서 30번 이상의 면접을 봤다. 당시 경제 최대 호황을 누리던 우리나라의 상황과 다르게 나는 고등학교를 졸업하고 심지어 4월 말이 될 때까지도 취직을 못 했다. 당시 고등학교 3학년이 되면 봄부터 취업해서 실습을 나간 친구들에 비하면 너무 비참했다. 속상해도 어쩔 수 없었다. 학교가 아무리 좋아도 나를 데려가는 데는 아무도 없었다.

그러다 간신히 고등학교를 졸업하고 몇 달이 지난 어느 날, 친구의 소개로 월 40만 원을 준다는 삼성역의 어느 회사에 취직했다.

1995년 8월, 하나님과 첫 만남

1995년 8월 스무 살이 되어 처음 가는 청년부 수련회였다. 그해 수련회는 다른 해와 달리 3박 4일의 일정이 아닌 6박 7일이었다. 일주일 동안 날마다 파주 기도원에서 강남 삼성역으로 출퇴근했다.

아침 9시 삼성역 출근, 6시 퇴근 후 여의도로, 여의도에서 기도원으로 가는 버스를 타고 파주로, 그리고 하룻밤을 자고 나면 기도원에서 7시 첫차를 타고 9시까지 회사로 출근하는 상당히 고된 일정이었다. 지금도 기억나는 건 2호선 전철 안에서 서서 졸았던 일이다. 교회 친구가 전부였고 교회는 청춘 놀이터였다. 드디어 주말이 되어 토요일 오후부터 주일까지 기도원에 머물며 온전히 하루를 보낼 수 있었다.

그날 하나님은 나에게 큰 은혜를 준비하고 계셨다. 주일 오전 수련회 강사님은 서울대학교 공과대학을 나오신 목사님이었다. 서울대학교를 나오시고 하나님의 부름을 받으셔서 주의 종이 되셨다는 화려한 학력을 기억하는 것은 이상한 일이 아니었다. 나라면 어떻게 했을까 생각했다. 그렇게 설교가 끝나고 기도를 시작하는데 나는 고등학교 1학년 때 하나님께 드렸던 서원이 생각났다.

그것은 꼴등에서 두 번째 성적을 받고 낙심한 나머지, 30등 안에만 들게 해 주시면 주의 종이 되겠다고 했던 일이었다. 서울대 나온 목사님을 보니 자연스럽게 내가 했던 기도가 떠올라 부끄러운 마음이 들었다. 아니, 꼴찌에서 두 번째 할 만큼 공부도 못하던 나와 서울대학교 출신의 목사님을 비교하니 하나님께 할 말이 많아졌다.

지난 3년 동안 하나님께 나의 서원을 어떻게 처리하실지 계속 기도를 했지만, 하나님은 별 반응이 없었던 터였다. 이제 스무 살이 되었으니 서원 기도 후 4년째인 오늘, 마음이라도 편해지고 싶어 이 기도의 끝을 내야겠다고 생각했다.

"하나님 저렇게 훌륭하고 잘난 사람을
선택하셔야 합니다.

저 같은 사람을 주의 종으로 쓰시면
하나님이 망신입니다."

나는 그동안 어리석게 드렸던 나의 서원을 철회하고자 기도했다. 어차피 고등학교 내내 30등 안에 한 번도 들어

보지 못했는데 안 해도 되는 것 아니냐고 하나님께 묻기도 했다. 그런데 기도를 드리는 순간 마음속에서 이런 음성이 우러나왔다.

"은주야! 나는 네가 교사가 되든,
전도사가 되든, 목사가 되든
나는 너를 기다리겠다."

너무도 깜짝 놀랐다. 기도하면서 듣는 첫 메시지였다. 너무 놀란 나머지 마음속에는 이런 생각이 들렸다. '이거 내 마음이 만들어낸 음성 아닌가?'

그런데 바로 그때 하나님이 다시 말씀하셨다.

"그가 왔다!"

부끄러운 이야기지만, 당시 짝사랑하는 교회 오빠가 있

었다. 기도하다가 그 음성을 듣고 눈을 뜨고 주위를 살펴보았다. 당시 수련회가 진행되는 성전엔 사천 명이 꽉 차 있었다. 고개를 돌려 주위를 살펴보는데 그 많던 군중에서 바로 내가 짝사랑하던 오빠가 눈에 들어왔다. 그제야 나는 내가 들은 말씀이 하나님의 말씀인 줄 알았다.

'아, 이것은 하나님의 말씀이구나.'

고등학교 1학년 때 속상해서 급하게 올린 서원 기도도 어이가 없지만, 하나님의 응답을 확인받는 나의 모습도 어이가 없었다. 하나님이 얼마나 급하셨으면 짝사랑하는 오빠를 통해 확인해주셨을까. 아마도 그게 당시 나의 수준이었던 것 같다.

그렇게 오빠가 있는 것을 확인하고 다시 고개 숙이며 기도하는 그때부터 눈물이 하염없이 흘러나왔다.

그동안 나는 누군가가 나를 기다려 주는 그런 사람이 아니었다. 초등학교 때부터 늘 다른 친구를 기다리는 것은 늘 내 몫이었다. 내가 누구를 기다리게 할 일이 생기면 그 친구가 떠날까 봐 늘 주섬주섬 서둘렀던 나였다.

그런데 내가 아는 하나님은 천지와 만물을 창조하신 전능하신 하나님이신데 그런 대단하신 분이 나를 기다리시겠다니, 30등 안에도 들지 못한 꼴등에서 두 번째인 나를, 회사도 겨우 취직한 별 볼 일 없는 나를 … 하나님이 기다리신다는 사실에 펑펑 울 수밖에 없었다.

그날 경험한 감정은 당장이라도 신학교로 달려가 하나님을 위해 어떻게든 하고 싶은 마음이 있었지만, 하루하루 돈을 벌어야 하는 인생이라 그냥 잊어버렸다.

지각이 불러온 화근(?)

그런데 그때부터 서서히 기적이 일어나기 시작했다. 물론 내가 생각하는 방식은 아니었다. 청년부 수련회를 주일까지 기도원에서 마치고 월요일 7시 첫차를 타고 회사로 향했다. 또 피곤해서 졸았다. 이번에는 버스 안이었다.

자다가 눈을 떠 보니 회사가 있는 삼성역 정거장에서 문이 닫히는 듯 보였다. 이상하게 무엇엔가 홀린 것처럼 내리지 않았다. 그리고 계속 잤다. 삼성역을 잠시 돌고 금방 다시 회차할 것이라고 아무도 말해 주지 않았는데 그렇게 그냥 생각하고 잤다.

그런데 잠을 한 참 자고 일어났는데 아직도 삼성역에 도착하지 않았다. 알고 보니 회차한 버스는 삼성역에서 가락시장을 돌아와야 했다. 회사에 들어가니 한 시간이나 늦었다. 사장님은 너무 화가 나신 나머지 나를 불렀다.

"김은주!!! 니 일루 와봐라!!!"

"네."

"니 회사가 우스워 보이나?"

나는 손사래를 치며

"아니요!!!"

"니 연애하나!!!!???"

나는 더 손사래를 치며

"아니요!!!"

"니 공부하나!!!??"

순간 이 거짓말이 지금 상황을 헤쳐 나올 수 있는 가장 그럴듯한 이유라고 생각했다. 약간 사실을 보태면 매일 저녁에 성문기본영어를 공부하고 있었기 때문에 공부한 것은 맞다고 생각했다. 약간의 거짓말을 보태면 그럴 뜻은 아니지만 그래도 그럴듯한 거짓말이긴 했다.

"네."

"근데, 왜 나한테 말을 안 했나???"

사장님은 내가 수능 공부를 한다고 생각하셨다. 그 뒤로 이어지는 사장님의 말씀은 이랬다. 공부가 비밀도 아닌데 왜 그걸 비밀로 하느냐는 것이었다. 그리고 내일부터 사장님이 외근을 나가면 사무실 문을 잠그고 공부하라고 하셨다.

그래서 나는 그날부터 수능 준비를 하는 학생이 되었다. 꼼짝없이 9시에 출근을 해서 사무실 일을 마치면 수능 공부를 했다. 가장 먼저 삼성역에 있는 대형 서점에서 수능 예상 문제집을 사서 문제를 풀었다. 200점 만점에 100점 정도 나왔다. 당시 그 점수에 맞춰서 갈 수 있는 대학을 보니 순신대학교(현재 한세대학교) 기독교교육학과였다. 당시 한세대학교 기독교교육학과는 야간 과정이 있었다.

아, 드디어 나도 주경야독의 꿈을 펼칠 수 있을 것이란 생각에 가슴이 두근거렸다. 중학교 시절 가졌던 꿈이 다시 살아났다.

지각한 그 날 이후부터 점심시간 이후부터는 그냥 수능 공부를 했다. 그리고 사장님은 외근을 나갔다고 돌아오시면 내가 공부를 잘하고 있는지 검사 및 감시, 격려하셨다. 그 덕에 열심히 공부할 수밖에 없었다.

수능 전날 문 닫은 회사

회사가 심상치 않은 분위기였다. 영업 사원들도 그만두기 시작했다. 알고 보니 회사는 자금난으로 경영이 어려워져 정리된다고 한다. 결국 사장님도 회사에 나오지 않으셨고 나만 홀로 남아 회사의 나머지 결산을 정리하고 있었다.

그렇게 회사 업무를 정리하고 합계 잔액 시산표까지 맞추어서 본사 총무부에 모든 자료를 넘긴 그날이 1994년 수능 바로 전날이었다. 의도한 것은 아니지만 그래서 나는 수능 시험을 볼 수 있었고 동시에 백수 생활이 시작됐다.

수능을 보고 나니 사장님의 마음이 고마웠다. 회사가 망할 것을 알면서도 각박하게 굴지 않고 수능 볼 때까지 월급도, 환경도 만들어 주셨다. 그리고 수능시험이 끝난 날, 본사 총무 부장님에게서 연락이 왔다.

"김은주 씨, 이력서를 들고 이 회사에 가보세요"

내가 지금 다니고 있는 회사와 같은 계열사라고 하는데 부엌 가구 등을 만드는 탄탄한 중소기업이었다. 이번에는 아무런 노력도 하지 않고 들어갔다. 이전 회사는 나 혼자였지만 이 회사는 사무실의 여직원만 해도 20명이 있었다. 규모를 갖춘 회사에 다닌다는 생각에 뿌듯했다. 그리고 고등학교 시절, 친구들이 자랑하듯 말하는 회사 연수도 가게 되었다. 이번에 나랑 같이 들어온 3명의 신입 여직원들과 함께 공장으로 연수를 갔다.

처음으로 열심히 공부해야 할 것 같은 마음이 생겼다. 고등학교 때까지는 왜 공부하는지를 몰랐다. 그런데 회사에 들어가니 당장 이 제품들을 이해하지 못하면 영업 관리를 할 수 없고 돈을 벌 수 없다. 그래서 공부란 걸 하기 시작했다. 낯선 용어 때문에 이해가 잘 안 되어 공장장님에게 처음으로 물었다. 지금까지 모르는 것은 그냥 지나쳤다. 몰라도 불편하지 않았고 왜 공부를 해야 하는지 동기도 없었다.

하지만 이번에는 달랐다. 설명을 잘 들어야 이해할 수 있고, 모르면 물어봐야 한다. 내가 잘못 듣고 계산하면 손해가 생긴다. 그럴 수는 없는 일이다. 태어나서 처음으로

공부라는 것이 재미있어졌다

입학금의 기적, 이웃집 아줌마

나의 마지막 학력은 고등학교였다. 회사에 다니다 보니 중소기업이라고 해도 대학을 나온 사람들이 꽤 있었다. 그들이 부러웠다. 수능시험을 괜히 봤다는 생각도 들었다. 원서를 쓸 생각도 하지 못했는데 친구가 회사까지 찾아와 대신 입학원서를 접수해줬다.

그리고 원서 발표가 날 때 즈음 차장님이 불렀다.

"김은주 씨, 대학시험 봤어요?"

"네."

"그럼, 합격하면 회사 그만두세요!"

"네? 네."

차장님이 어떻게 내가 시험을 본 지 아셨지, 궁금했다. 내가 만약 순신대학교에 들어간다고 해도 야간이라 회사에는 지장을 주지 않으리라 생각했었다. 하지만 차마 차장님의 말을 듣고는 아무 말도 못 했다. 회사를 그만두겠다는 말만 되풀이했다.

대학교 합격자 발표가 나는 날, 언니가 학교에 전화했다. 합격이란다. 전혀 기쁘지 않았다. 등록금이 없으니. 그냥 대학이라는 곳에 합격한 것으로 위안을 삼았다.

가족 중 아무도 학교에 대한 말을 하지 않았다. 나 역시도 그랬다. 어느새 시간은 등록금 마감일을 코앞에 두고 있었다. 토요일 오전 10시, 어머니의 옷 만드는 일을 도와주고 있었다. 시계를 자꾸 바라봤다.

'그래, 오늘이 지나면 정말 끝이다.'

어머니가 미안한 마음으로 말을 꺼냈다.

"대학교에 합격했는데 보내주지 못해서 미안해."

애당초 학교에 다닐 수 있으리라 생각한 적은 없었다.

그러니 어머니의 말에 속상하지 않은 게 당연하였다.. 그런데 마음은 그게 아니었는지 속에서 무엇인가 울컥거리는 게 올라왔다. 아무에게도 말을 할 수 없어서 그랬던 것이지, 학교 가고 싶었다. 하지만 어머니를 안심시켜주고 싶었고 마치 마음이 없는 것처럼 대수롭지 않은 척해야 했다.

"회사 다니면 되지."

그렇게 엄마는 미싱을, 나는 다림질을 마저 하고 있었다. 그때 갑자기 옆집에 사시는 아주머니가 아주 요란하시게 대문을 크게 열며

"아니~~~ 이 집은 딸내미가
대학 들어간 집 맞아???"

어머니는 등록금이 없어서 대학을 못 보냈다고 말했다

더니 아주머니는 놀라시며 이렇게 말씀하셨다.

"아니!! 그런 게 어디 있어?
나 오늘 계 돈 탔는데
어서 가서 등록해."

아주머니는 대학 입학금 150만 원을 떡 하니 내놓았다. 꿈만 같았다. 이 모든 일이 말이다. 한 순간 상황이 역전되었지만, 마지막 복병은 아버지였다. 아버지는 대학 가는 것을 원래부터 좋아하지 않으셨기에 처음부터 아버지에게는 대학 시험을 본 사실을 말씀드리지 않았다. 말씀드린다고 해도 달라질 것은 없었기 때문이었다. 그런데 아버지도, 어머니도 도와줄 수 없는 이 재정 문제를 아주머니가 해결해주었다. 물론 지금에서야 생각해 보면, 그 아주머니는 하나님께서 보내주신 응답이었다.

어디선가 용수철처럼 나타나 나에게 150만 원을 건네주신 그 아주머니는 아무도 할 수 없는 일을 하시고 사라지셨고 그 덕에 나는 대학에 다닐 수 있게 되었다. 그리고 아버지는 그날 내가 대학에 합격했다는 것을 알았지만 화내지 않았고 무엇인가에 홀린 것처럼 옆집 아주머니의 150만 원을 받아들고 은행에 가서 입학금을 내러 가셨다.

폭풍 같은 토요일을 보냈다. 나는 마음이 설레기 시작했다.

'내가 대학생이 된다니.'

하지만 아버지는 그날 저녁 크게 화를 내셨다.

"나는 대학이라고 해서
연세대 정도는 들어간 줄 알았더니.
뭐 신학 나부랭이 같은 걸 배우겠다고
저렇게 난리를 친 거야?"

나는 난리 치지 않았다. 하지만 아버지는 신학이 아니라 대학 자체를 좋아하지 않았다. 나도 그것을 알고 있었다. 돈, 돈 때문이었다. 직장 다니며 받아오는 월급이 아버지에게는 좋았나 보다. 우리 딸이 고생해서 받은 돈이 아버지에게는 술안주였다.

아버지를 통해 연세대라는 학교의 이름을 알았다. 그리고 그 뜻이 아니라는 것을 알지만 연세대학교라면 아버지가 보내주시려나 하는 오기가 생겼다. 연세대는 되고, 신학대는 안 된다는 것이 이해가 안 되던 찰나에 아버지는 왜 신학대를 반대하는지 말씀하셨다.

내가 어릴 때, 아버지의 교회 구역장 중에 정말 잘 사시는 분이 있었다고 한다. 그런데 그분이 신학을 하고 난 후 집안에 먹고살 것이 없을 정도로 가난하게 사는 것을 오랫동안 봤다는 것이다. 아버지는 구역장을 떠올리며 "신학은 곧 가난이다."라는 말씀을 남기시고는 한 달 동안이나 나에게 말을 걸지 않으셨다. 당신 몰래 시험을 봤다는 것, 그것도 연세대학교 같은 좋은 대학이 아닌 단순히 신학교였다는 것, 그리고 대학등록금은 무엇으로 갚아나갈 것인가가 아버지의 침묵시위의 원인이었다. 거기에 대학에 들어가서 회사도 그만두게 되었다는 사실에 아버지는 싫으셨을테다.

입학금을 내고 들어간 첫 학기에 닥치는 대로 일을 해

1장 너무 가난해서 하나님을 잃었습니다

야 했다. 처음 했던 아르바이트는 학교 복사실 아르바이트였다. 평상시에는 조용하고 공부도 할 수 있는 곳이지만 시험 기간이 되면 가장 바빴고 모든 시험의 족보 역시 복사실로 몰려들었다.

그 시기에는 나 역시 시험 기간이었는데 평상시보다 세 배나 일이 많았다. 어쩔 수 없이 복사실 벽에다 미리 정리해 놓은 자료를 붙여 놓고 그것을 읽으며 일을 했다.

그렇게 낮에는 아르바이트하고 밤에는 모자란 공부와 과제를 하며, 1학기에 과 수석을 했다. 폼나게 전액 장학금을 수표로 받았다. 아버지에게 장학증서와 함께 받은 수표 150만 원을 가져다주었다. 그때 아버지는 마음이 풀리고 열심히 해보라는 말과 함께 좋아하셨다.

하나님, 저 공부시켜주세요

복사실 아르바이트를 하다가 이후에는 안산에 있는 대학교의 회계과 아르바이트를 하게 되었다. 복사실과 다르게 그저 편하게 앉아서 공부할 수 있는 자리였다. 낮에는 사환으로 아르바이트를 하면서 용돈을 벌었고 밤에는 졸지 않고 열심히 공부했다. 그렇게 해도 고르고 골라 엄선한 몇 권의 책을 사고, 차비와 밥값을 내면 월급 받기 열흘 전부터 돈이 떨어졌다.

그러면 그때부터 기도할 수밖에 없었다.

'하나님, 내일은 차비가 없어요.'

'하나님, 내일은 저녁 먹을 돈이 없어요.'

간절히 기도했다기보다는 식사기도처럼, 혹은 푸념처럼 하나님께 없다고 말했다. 그게 전부였다. 대신 눈에 보이는 어머니에게 손을 벌렸다.

하루하루 기도하고 먹고 그렇게 살았지만 별다른 기적은 없어 보였다. 매일 아침 7시부터 밤 12시까지 일하고 공부하고 왔다 갔다 하다 보면 너무 피곤했다. 빡빡한 삶이 지겹기도 했는데 다른 생각을 할 수 없을 만큼 몸이 피곤했다.

그래도 공부는 너무 재미있었다. 세상에 내가 공부가 재밌다고 하다니. 이게 기적이다.

대학 1학년 때부터 새로운 습관이 생겼다. 비행기가 지나가면 하늘을 쳐다본 그 일이 그냥 별다른 일이 없어도 하늘을 쳐다보는 습관이 되어 버렸다. 하늘을 보며 늘 마음이 벅차올랐다.

'내가 대학에 왔다니……'

대학에 들어가고 비록 삶이 넉넉지 않지만 꿈이라는 게 조금씩 자라고 있었다. 이다음에 나처럼 왜 공부를 해야 하는지 모르는 청소년들에게 나는 내 이야기를 들려주고 싶었다. 부족하지만 내가 공부한 것을 통해 누군가에게 꿈이 잉태될 수 있는 통로가 될 수 있었으면 좋겠다는 생각도 하기 시작했다.

나는 꿈 없이 살아가는 것이 얼마나 허무한 일인지를 알고 있다. 아무것도 아닌 나라는 것을 알고 여전히 내 모습은 아버지 말대로 고작 신학대 가서 사서 고생하는 인물처럼 보일지 몰라도 하늘을 바라볼 때만큼은 그렇지 않았다.

어느 날, 철학 교수님의 수업을 듣고 차를 같이 타고 온 적이 있었다.

"교수님, 저는 철학이 참 좋아요."

"철학 하는 여자 남자가 별로 안 좋아하는데."

나는 철학을 좋아한다고 말했던 것인데 교수님은 내 걱정을 미리 하셨던 것 같다. 우리는 아무 말 없이 조용히 차를 타고 갔다.

집 근처 회현역에서 내려 버스를 타고 집으로 들어가며 생각에 잠겼다. 그래도 사교성은 제로(?)지만 그날은 철학의 대가셨던 교수님의 수업을 듣고 감동하며 철학이 주는 깨달음에 살아 있다는 것을 느꼈던 하루였다. 이제는 재개발이 되어 없어진 옛 낡은 동네의 거리가 되었지만, 그때 그곳에서 나는 하나님을 향해 기도했다.

'하나님, 저 공부 좀 시켜 주세요.

저 공부 하게 해 주시면

하나님의 후회하지 않는 딸이 될게요.'

하나님은 그날의 내 기도를 보고, 듣고, 일하셨다. 나는 몰랐지만 …

잃어버린 것은 하나님이었습니다

대학 졸업 후 아버지의 말씀대로 연세대학교 연합신학대학원에 입학했다. 아버지는 딸이 신학대학원에 들어간 것이 어떤 의미인지는 모르셨고 그 앞에 '연세대학교'라는 사실 하나로 기뻐하셨다. 아버지는 친구들과 술을 먹을 때면 딸이 연세대에 다닌다고 자랑하셨다. 어쩌면 아버지 덕분에 나는 연세대 연합신학대학원을 들어갔는지도 모른다.

나 역시도 연세대 연합신학대학원을 들어갔다고 하니 주변 사람들이 부러워했다. 하지만 돈이 없어서 날마다 먹고 살 걱정을 해야 한다는 것은 참으로 고된 일이 아닐 수 없다. 그냥 공부만 하는 친구들이 부러웠다. 그래서 또 기도했다. 매일 일하고, 공부하고, 기도하고 이것이 삶의 루틴이었다.

그러던 어느 날 내 사정을 잘 알고 있는 한 자매로부터 상당히 충격적인 말을 들었다.

"너는 왜 남에게 피해를 주면서 사니?"

이유인즉슨 그녀의 말은 이런 의미였다. 나는 하나님께 기도했고 내 사정을 아는 사람들이 도와주는 경우들이 있었다. 아르바이트 자리도 그랬고, 첫 등록금도 이웃집 아줌마의 도움을 받았고, 학교에 다닐 때도 자기 저녁을 같이 나눠 먹도록 도움을 주는 친구까지, 그저 천사 같은 주변 사람들의 도움을 받았다. 내가 줄 수 있는 것도 없었고 미안한 마음에 말하지 못할 때도 많았지만 알아서 내 마음을 헤아려서 챙겨줬었다.

그런데 나에게 충격적인 말을 던진 그녀가 보기에는 내가 마치 상대방을 불편하게 만들어서 그들이 도와줄 수밖에 없게 만든다는 그런 뉘앙스였다.

다른 사람에게 피해를 주려고 한 적은 없고 그저 내 삶의 환경이 그랬다고. 나는 구걸한 적 없다고, 달라고 한 적 없다고 소리쳐 말하고 싶었지만 그렇게 할 수 없었다. 어쩌면 내가 하나님께 기도로 구한 것이 그녀의 오해처럼, 아니면 그녀의 관점대로 다른 사람에게는 불편을 줬을지도 모른다.

여자들의 흔한 질투나 시기로 그냥 듣고 지나쳐 버리기

에는 내게 상당히 충격적인 메시지였다. 사실 그때에도 하나님께 적극적으로 구하였다기보다는 그저 하루를 마치고 하나님께 내 사정을 그냥 말씀드리는 정도로 보고하는 정도였다. 속이 상하고 걱정이 될 때는 하나님께 올리는 하소연 정도였다.

그런데 처음으로 다른 사람에게는 내가 그렇게 비칠 수도 있겠구나, 라는 생각을 하니 마냥 학교에 다닐 수 없었다. 내가 좋아서 다니는 학교이지만 하나님을 믿는 사람이 그렇게 비치게 할 수는 없다고 생각했다.

대학원에 들어간 지 얼마 안 돼서 휴학하고 신용카드를 만들었다. 아마 내가 재정에 대해 생각 없이 쓰게 된 것도, 누군가와 밥을 먹고 밥값을 내야 할 때 쭈뼛거리지 않게 된 것도 그때부터였던 것 같다. 신용카드는 나에게 힘을 줬다. 그게 다 빚인 줄 알았지만 당장 사람들로부터 돈 없는 사람, 돈 달라고 하는 사람의 이미지를 남기고 싶지 않았다. 이렇게 대학원을 휴학하고 취직해서 외모를 치장하기 시작했다. 학력은 내 능력이 되었고 사람들과 어울리며 쓴 돈이 2천만 원이나 되었다. 등록금이 3백만 원이었으니 어마어마하게 많이 쓴 금액이었다.

하나님의 은혜로 들어간 학교였고 타인을 통해 부끄럽게 받은 돈이었지만 하나님이 주셨다는 믿음이 있어서 부끄럽지는 않았다. 하지만 더이상 하나님에게 구하는 것 대신 손쉽게 돈을 구할 수 있는 현금서비스와 대출을 이용하면서 내 문제를 해결하는 줄 알았다. 다 그렇게 산다고 주변 사람들의 말을 들으며 나도 괜찮은 줄 알았다.

그런데 돈을 쫓아 살다 보니 너무 멀리 가게 됐다. 한동안은 아무런 일도 일어나지 않았지만 점점 시간이 지나다 보니 더 많은 빚으로, 잘못된 길로 빠져들었다. 배고픔 대신 하나님의 은혜가 있었던 학창 시절과 다르게 명품 옷을 입고 다녔지만, 돈에 대한 개념은 제로였다. 나는 사람 손에 빌어먹지 않으면 거지신세를 면하기 힘든 정도까지 이르렀다.

2장

세상에 공짜는 없습니다

재정 훈련은 필요합니다

2008년 일본으로 선교를 하러 갈 때였다. 당시 2008년은 전 세계적으로 금융위기를 겪는 시기였다. 2007년 미국 은행이 서브 프라임(낮은 신용등급)의 대출자들에게 모기지론(긴 기간에 걸쳐 갚는 집 담보대출)을 마구잡이로 빌려주면서 파국은 시작됐다.

정확히, 1년 후 사람들의 대출을 보증해주던 리먼 브라더스사(Lehman Brothers Holdings)는 파산을 선언했다. 그리고 담보대출을 해 준 은행들은 금리를 곧이어 인상했다. 주택담보대출로 부동산을 산 사람들은 높아진 금리를 버티지 못하고 결국 집을 급매로 던진 것이다.

미국의 가계는 보통 주택담보대출을 통해 집을 마련한다. 30년 혹은 40년 가까이 장기 대출을 빌려서 은행에 대출을 갚아가면서 집을 사는 것이다. 그렇게 은행에 이자를 내면 어차피 월세를 내는 돈이라 생각하고 이자를 내면서 집을 장만한다.

그런데 당시 미국에 닥친 금융의 위기가 금리를 인상

하면서, 예를 들어 1%의 이자를 내던 사람의 이자가 50만 원이라고 한다면 2%로 인상될 때마다 이자는 100만 원으로 늘어났다. 집값은 하락하고 금리는 높아졌다. 이 같은 금융위기는 미국의 달러가 안전 자산이라는 신뢰를 잃어버렸고 외환시장은 위기로 출렁거렸다.

상대적으로 엔화가 안전 자산이라는 신뢰를 얻게 되면서 엔화는 당시 최고 1,800원까지 올라갔다. 도대체 미국에서 일어난 경제의 위기를 장황하게 설명하는 이유가 못내 궁금할 것이다.

나는 그해 선교를 위해 일본으로 떠났다. 한국에서 일본으로 파송된 후 나는 세계의 경제 흐름 속에서 3,000만 원의 빚을 1년 동안 갚았다. 그때 경험이 경제에 대한 눈을 뜨게 해줬다. 이 글을 읽는 독자들은 도대체 3천만 원을 갚은 얘기는 왜 안 해주느냐고 말할지도 모르겠다. 그 이야기를 하기 위해서는 1996년 일본 단기 선교부터 이야기를 시작해야 할 것 같다.

첫 해외여행은 일본 선교

1996년 대학 2학년 처음으로 단기 선교를 갔다. 그것도 일본이라는 해외로 말이다. 어렸을 적부터 철저하게 반일 교육을 받고 자라서 인지 그리 일본을 좋아하지 않았지만, 가까운 나라로의 '해외여행'은 가봐야 하겠다는 생각으로 돈을 모으기 시작했다.

당시 일본 단기 선교의 훈련비는 60만 원이었다. 선교를 위해 사무보조 아르바이트를 했고 1년을 채우니 퇴직금으로 30만 원을 줬다. 그리고 나머지는 틈틈이 모은 돈과 퇴직금으로 훈련비를 채웠다.

그런데 선교를 준비하다 보니 내부적인 갈등이 생겼다. 선교 팀장님은 일본 훈련비의 일부였던 약 30만 원을 월드미션 본부에서 쓰는 팩스기를 사는 데 사용했다. 그런데 문제는 이 일을 팀원들과 상의한 것이 아니었고 팀장님보다 나이가 있었던 팀원이 문제를 제기하면서 일촉즉발의 상황으로 번졌다.

이 일을 겪으며 생각했다. 선교 훈련비는 저마다 어려운 형편과 상황에서 마련해 온 것인데, 물론 부모님에게서 받아오는 청년들도 있었지만, 나처럼 여행비로 생각하는 사람, 재정을 별다른 고민없이 마음대로 사용하는 사람, 모두 제 각기 다른 생각을 가지고 있다는 것을 말이다

모든 재정은 하나님으로부터 오는 것이다. 선교를 가려고 해도 이게 잡혀 있지 않으니 문제가 되었다. 그래서 성경적인 재정 공부가 필요하다.

나는 어릴적부터 십일조를 했다. 용돈을 받으면 항상 십일조를 따로 떼어 놓았다. 그리고 그것들을 모아 한 달에 한 번 십일조로 드렸다. 아무리 배가 고프고, 책을 사고 싶고, 차를 타고 싶어도 십일조로 떼 놓은 돈은 가져가면 안 된다고 생각했다. 따로 떼어 놓은 돈은 내 것이 아니다. 그리고 이 훈련이 삶을 드리는 작은 계기가 되었다.

비록 그 시작은 해외여행이라는 허황된 꿈이었지만, 대학교 2학년 때 처음으로 간 일본 선교여행으로 내가 선교사가 되리라는 것은 단 한 번도 예상치 못했던 일이었다.

10번 이상 일본을 갔습니다

일본을 갔다 오고 마음이 이상해졌다. 마치 몸살을 앓

는 것처럼 정서적으로 불안했다. 한국에서 예배를 드릴 때면 신주쿠의 광장이 떠올랐다. 그곳의 바람이 내가 있는 한국, 서울 여의도로 불어오는 것 같았다. 미칠 듯이 일본이 가고 싶어졌다.

그때부터 큰 세계지도를 사서 방에 붙여놨다. 그리고 일본 땅을 바라보며 선교사님들과 일본의 영혼들을 위해 기도하기 시작했다. 이상하게도 일본을 위해 기도하면 그렇게 눈물이 났고, 일 년 뒤 나는 일본에 뼈를 묻는 선교사가 되겠다고 헌신했다.

일본에 갔다 온 지 몇 년이 지나고 다시 일본 단기 선교를 지원했다. 세계여행은 이제 의미가 없어 보였다. 일본 선교사로 파송되기 전까지 단기 선교로만 일본을 10번 넘게 간 것도 일본 선교가 나에게 의미있는 일이 되었다.

한 번은 일본 단기 선교 훈련비로 80만 원을 모아야 했었다. 아무리 아르바이트를 구하려고 해도 구해지지 않았고 용돈을 계속 모아도 20만 원을 채우기 버거웠다. 그렇게 안 먹고 안 쓰고 모았는데도 파송 받는 전날까지 모은 돈은 20만 원이 전부였고 내 통장 잔액은 800원이 전부였다.

선교하러 가기 전날, 마음을 접어야 했다고 생각했다. 그날 비가 억수같이 내렸다. 마치 내가 흘리는 눈물처럼 엄청난 비가 내렸다.

나는 빗소리에 기대어 하나님께 울면서 기도했다.

"일본을 너무 가고 싶은데 훈련비가 채워지지 않아요."

기도를 마치고 성경을 읽는데 이사야 45장의 말씀이었다.

이사야 45장 1~7절

여호와께서 그의 기름 부음을 받은 고레스에게 이같이 말씀하시되 내가 그의 오른손을 붙들고 그 앞에 열국을 항복하게 하며 내가 왕들의 허리를 풀어 그 앞에 문들을 열고 성문들이 닫히지 못하게 하리라 내가 너보다 앞서 가서 험한 곳을 평탄하게 하며 놋문을 쳐서 부수며 쇠빗장을 꺾고 네게 흑암 중의 보화와 은밀한 곳에 숨은 재물을 주어 네 이름을 부르는 자가 나 여호와 이스라엘의 하나님인 줄을 네가 알게 하리라 내가 나의 종 야곱, 내가 택한 자 이스라엘 곧 너를 위하여 네 이름을 불러 너는 나를 알지 못하였을지라도 네게 칭호를 주었노라 나는 여호와라 나 외에 다른 이가 없나니 나 밖에 신이 없느니라 너는 나를 알지 못하였을지라도 나는 네 띠를 동일 것이요 해 뜨는 곳에서든지 지는 곳에서든지 나 밖에 다른 이가 없는 줄을 알게 하리라 나는 여호와라 다른 이가 없느니라 나는 빛도 짓고 어둠도 창조하며 나는 평안도 짓고 환난도 창조하나니 나는 여호와라 이 모든 일들을 행하는 자니라 하였노라

말씀을 읽다 보니 이런 생각이 들었다.

"하나님, 그런데 왜 나는 여전히 돈이 없나요?"

당시 월드미션의 원칙은 단기 선교 파송까지 훈련비를 채우지 못하면 그때까지 낸 금액은 모두 훈련비로 환원하고 그 사람은 선교를 가지 못하는 것을 포기하는 것이 원

칙이었다. 전날까지 20만 원밖에 입금하지 못한 나는 원칙대로 포기해야 했고 중보자가 되기로 했다.

그런데 기도를 마치고 잠시 뒤 팀장님에게 전화가 왔다. 팀장님은 후원금이 생겨 내가 갈 수 있도록 항공권 발권을 마쳤다고 했다. 그리고 찬양 리더인 내가 없으면 안 된다며 격려해줬다. 얼떨결에 그렇게 해서 또 일본을 가게 됐다.

그리고 공항에서 팀원 중 한 자매가 다가와 무언가를 건네며 말을 했다.

"언니, 내가 이 돈을 언니에게 줘야 할 것 같아요."

왜 나에게 이 돈을 주는지 물었지만, 그 자매는 별다른 말을 하지 않았다. 그녀가 준 봉투에는 20만 원이 들어 있었다. 나는 그대로 팀장님에게 줬다. 이제 내가 낸 훈련비는 40만 원이다. 미안한 감정보다 훈련비를 계산하며 채우는 일이 더 먼저였다.

동경에 도착해, 한 주간의 사역을 최선을 다해 마쳤다. 그리고 야마가타로 떠나기 전 동경 교회의 목사님은 마지막 날이라고 팀원들이 기념품을 사갈 수 있는 곳으로 안내해줬다. 지금 기억으로 그곳은 '돈키호테'라는 가게였던 것 같다.

돈이 없었던 나는 가게에 들어가서 구경하기보다는 밖에서 다른 일행과 이야기를 나누고 있었다. 목사님은 왜 가게에 들어가지 않느냐며 작고 아기자기한 것들이 많다고 말했다. 하지만 나는 그저 살 게 없다고 둘러서 말했다.

저녁 쇼핑을 마치고 숙소에 들어왔다. 그리고 그날 저녁, 목사님은 나를 따로 부르시고 만 엔(십만 원)을 주셨다.

"이거 팀에 쓰지 말고 자매가 사 먹고 싶은 것 먹어."

이상한 일이었다. 선교비가 필요하신 목사님이 선교하러 온 나에게 돈을 주시다니. 막무가내로 챙겨주신 덕분에 만 엔을 받아 팀장님에게 갖다 드렸다. 이제 내가 채운 훈련비는 50만 원이다. 또 채웠다.

방에 돌아와 예전에 만났던 동경의 유학생과 이야기

를 하게 되었다. 대학교 2학년 때 일본에 처음 오게 되었고 그때는 선교가 아닌 여행을 하고 싶어 오게 되었다는 이야기로부터 시작해 일본 땅을 위해 기도하는 마음이 생겼고 이렇게 다시 오게 되었다는 이야기를 해줬다. 그리고 내가 한국에 있던 사이, 이 유학생도 일본의 국지적인 기업에 취직하게 된 이야기를 해줬다. 우리 두 사람은 그렇게 밤새 하나님께서 우리에게 해 주신 일들로 밤을 지새웠다.

그리고 다음 날 유학생은 팀장님에게 만 엔이 든 봉투를 건네주었다. 그리고 그 봉투에는 은주 자매를 통해 하나님이 살아계신 것을 느꼈다고 적혀 있었다. 팀장님은 나에게 그 봉투를 전달하면서 또 이렇게 말했다.

"이거 자매가 쓰고 싶은 거에 써."

하지만 나는 그 봉투를 다시 팀장님에게 훈련비로 써 달라고 했다. 이제 60만 원이다. 아쉽지만 끝내 모자란 20만 원은 채우지 못했다.

선교를 다녀온 후에야 학원 아르바이트를 해서 나머지

금액인 20만 원을 다 채웠다. 많은 청년이 나처럼 단기 선교를 하러 가겠다고 결심하고 훈련비를 채우지 못하면 다른 선교회나 사람들의 후원으로 선교비를 채우고 그것으로 끝났다고 생각하는 경향이 있었다.

그런데 나는 그렇게 하면 안 된다고 생각했다. 하나님의 것이라는 분명한 계산이 내 안에 있었다. 그리고 내가 단기 선교에서 20만 원을 채우기 위해 학원 아르바이트까지 하며 고생한 것을 알게 된 월드미션 본부에서는 나를 팀장으로 세웠다.

또 현금서비스, 이번에는 노숙자에게

2000년 1월, 다들 밀레니엄 시대의 도래에 들떠있던 그 시절, 처음으로 사기를 당했다.

어느 날, 은행 앞으로 지나고 있는데 한 중년의 아저씨가 내 앞에서 고통스러워하며 쓰러지셨다.

"아저씨, 왜 그러세요???"

아저씨는 배를 움켜쥐며 말했다.

"제가 지금 약을 먹어야 하는데요 돈이 없어서요."

"약국에 가세요. 제가 사 드릴게요."

"그게 그런 약이 아니에요. 25만 원이나 되는 약이에요."

"네? 저 그런 돈은 없는데요."

아저씨는 내가 카드가 있는 것을 마치 아는 사람처럼 황당한 말을 했다.

"아가씨, 카드로 현금서비스 받으면 되잖아요."

지금 생각해도 어이가 없는 일이라는 걸 알지만 그때는 뭔가에 홀린 듯 현금서비스를 받아 줬다. 아저씨는 자신이 배달하는 신문의 이름을 보여 주며 내가 자기와 같은 교회를 다니니 주일에 7시에 만나면 주겠다고 했다.

그리고 바보처럼 약속한 주일이 되었고 25만 원을 받기 위해 이불을 박차고 교회에 갔지만 아저씨는 끝내 오지 않았다. 핸드폰도 없던 시절 아저씨를 마냥 기다렸다. 그때는 재정에 대한 개념도 없었지만, 사람 보는 눈도 없으니 누구를 도와줘야 할지, 어떻게 도와줘야 하는지 몰랐다. 그냥 교회에 다닌다고 하니 믿었고 그래서 사기를 당했다.

빚, 또 빚, 그래도 헌금은

2000년 8월, 인도네시아 팀장이 됐다. 남들은 팀장이 되었으니 좋겠다고 했지만 내가 하고 싶었던 나라는 일본이었다. 일본을 품은 내가 어떻게 다른 나라를 품을 수 있는지 의심스러웠다. 확신이 흔들리다보니 팀장으로 사역을 하면서도 하나님께 기도하지 않았다. 그렇게 사역은 나아지지 않았고 관계 싸움으로 지치기만 하고 힘들었다. 이렇게 좌절하고 있던 한 해를 보내고 2001년 6월 몸담고 있던 교회의 전도사가 되었다.

처음에는 정말 좋았다. 봉사로 하던 일이 소명을 기반으로 한 직업이 되었고, 사례라는 것도 처음 받아보았다 70만 원, 첫 교육전도사의 사례이다. 쓰던 가락이 있던 나는 너무도 얇은 사례와 맞지 않다는 것을 온몸으로 보여주듯 카드를 써나갔다. 그리고 그 카드는 빚으로 또 쌓였다.

사역자가 되었음에도 재정에 대해서는 배운 적이 없기에 항상 돈이 모자랐다. 그리고 전도사가 된 지 1년이 지나자 교회에서는 미리 퇴직금으로 100만 원을 주었다. 어느 정도 시간이 지난 후 나에게는 돈이 적은 게 문제가 아니라 돈을 잘 관리하지 못하는 것이 문제라는 것을 알게 되었다.

그리고 나는 2002년 전임전도사가 되고 첫 휴가를 교회 청년들과 함께 일본으로 단기 선교를 하러 가게 되었다. 당시 동경에 있는 교회는 성전건축을 위해 기도하고 있었는데, 1996년부터 월드미션으로 참여하면서 나는 마치 내 집을 세우는 것처럼 교회 건축을 위해 힘을 다해 기도하게 되었다. 교회 건축을 위해 기도할 때마다 성도님들이 생각나 눈물이 많이 났다. 그리고 퇴직금으로 가져

온 100만 원을 건축 헌금 봉투에 담아 하나님께 드렸다. 그리고 그 봉투에 기도 제목으로 이렇게 적었다.

"하나님, 저 유학 보내주세요."

그때 내 꿈은 세 가지였다. 일본 선교, 유학, 결혼. 현실과는 너무도 멀리 동떨어진 세 가지 꿈이었다. 공부도 너무 하고 싶었고 선교도 하고 싶었다. 그리고 결혼도 정말 하고 싶었다.

하지만 현실은 녹록치 않았다. 학자금 융자는 그대로 쌓여있었고 그런 상황에도 나는 언제나 사람들에게 유능한 사람으로 인정받고 사는 것이 좋았다. 모자란 월급으로 다른 사람을 사주며 좋은 친구, 좋은 언니, 좋은 누나 역할 놀이에만 빠져있는 한심한 생활을 지속했다.

그 시절 나를 잘 모르는 상당수의 사람들은 나를 부잣집 딸이라고 생각했다. 뭐든 하고 싶은 대로 하고 사는 것처럼 보였고 그것도 그렇게 보일 수 있게 행동하고 살았다. 그들의 말을 들으며 내가 부잣집 딸로 보인다는 말에 솔직히 좋았다. 씁쓸한 내 현실이 어떻든지 간에 사람들에게 부자처럼 보이면 된다고 생각했다.

그렇게 가까운 거리도 택시를 타고 다녔고 100만 원을 당장 갚지 않아도 수수료 76,000원을 내면 되니깐 괜찮다고 생각했다. 현금서비스의 이자율 정도는 아무것도 아닌 것처럼 여겼다. 핸드폰은 항상 최신 핸드폰으로 샀고 남들은 몰랐지만 현금서비스를 돌려막으며 교역자로 3년을 살았다.

내가 사용한 재정은 허세를 위해 사용한 금액이었다. 마치 끝없이 무저갱으로 빠져드는 나의 깊은 내면을 채우고, 퍼붓기 위해 돈을 쏟아부었던 것 같다. 나 자신을 위한 보상처럼 먹고 싶은 것, 갖고 싶은 것을 샀다. 그래도 된다고 마치 허락을 받은 것처럼 살았다.

친구에게 돈을 빌렸습니다

현금서비스를 돌려막아야 하므로 항상 현금이 필요했다. 목돈을 사용하기 위해 약간의 현금 정도는 아무것도 아니라고 생각했던 탓에, 정말 많은 사람에게 돈을 빌렸다.

그래도 빌릴 때 "내가 현금서비스를 막아야 하는데 돈을 좀 빌려줄래?"라고 할 수는 없었다. 그래서 등록금이 모자라서 돈을 빌려달라고 거짓말하기 일쑤였다.

어느 날, 여느 때와 마찬가지로 친구에게 돈을 빌렸다. 그래도 나와 같은 대학원을 다니고 있었기 때문에 등록금 이야기를 꺼내기가 쉬웠다. 무엇보다 그런 이야기를 꺼낼 수 있을 만큼 친한 친구였다. 내 말을 듣고 그 친구는 거절하지 않고 50만 원이나 되는 큰돈을 선뜻 빌려줬다.

그런데 갚기로 한 날이 도달하기도 전에 나는 최신 핸드폰으로 바꿨고 그 친구는 내가 자신에게 돈을 먼저 갚지 않고 핸드폰을 바꿨다고 상당히 불쾌하게 생각했다. 재정관이 부족했던 나는 친구가 기분 나빠하는 모습이 이해되지 않아 같이 화가 났다. 아직 갚으려면 시간이 남았는데 내가 뭘 하든 무슨 상관인지 이렇게 기분 나빠 할 이유가 없다고 생각했다.

그래서 친구에게 이렇게 말을 했다.

"내가 돈을 빌리면 약속 시간 안에 갚으면 됐지.
나의 사생활까지 네가 간섭할 이유는 없잖아?"

친구는 내 말을 듣고 더 속이 상했다. 자기는 넉넉지 않은 형편에 어렵게 모은 돈을 먼저 사용하라고 빌려줬는데 내 최신 핸드폰을 보니 화가 났다는 것이었다.

그 일 이후로 친구와 좋았던 우정이 깨졌다. 그런데 그때는 내가 무엇을 잘못했는지 잘 몰랐고 친구의 말뜻도 이해할 수 없었다. 나는 어렵게 살았음에도 불구하고 돈의 무게를 알지 못했다.

시간이 많이 지난 어느 날, 나는 내가 친구에게 한 어이없는 행동을 똑같이 당하면서 친구를 이해하게 되었다. 강남에서 사역하던 시절 제자 하나가 전화해서 돈을 빌려달라고 했다. 며칠 뒤에 곧 주겠다고 하고 50만 원을 빌려갔다.

그런데 얼마 뒤에 그 친구의 SNS 계정에 자신을 위해 선물한다며 비싼 고가의 운동화를 보게 되었다. 그리고 신기하게도 몇 년 전 내가 친구에게 했던 일이 떠올랐다.

'아, 이런 기분이었겠구나.'

제자라고 해서 빌려줬는데 갚지도 않았고 그 뒤로도 크고 적은 돈을 계속 빌려달라고 했다. 알고 보니 나뿐만 아니라 교회의 모든 사람에게 돈을 빌리고 다니고 있었고 돈을 함부로 사용하고 다닌다는 평판을 받고 있었다.

가정이 힘들어져서 돈을 빌려달라고 했던 제자나 등록금을 내야 한다고 친구에게 거짓말한 나나 다르지 않았다. 돈에는 인격이 있어서 내가 한 것을 그대로 돌려준다. 돈에는 품격이 있어서 내가 어떻게 돈을 대하는지 말하지 않아도 돈을 사용하고 있는 나를 보며 말하고 있는 것처럼 보였다.

돈은 인격이 있습니다

친구와 돈 때문에 관계가 어려워졌음에도 불구하고 나는 또 다른 친구들에게 계속 돈을 빌렸다. 그때는 뭐가 잘못인지 알지 못했다. 돈을 빌리는 게 더 자연스러워졌다고 해야 할까? 가끔 선교하러 가기 위해 너무도 당당하게 선교를 도와줄 것을 말하는 친구들을 만날 때 상대가 느끼는 당혹스러움이라고 해야 할까? 등록금이 계속 필요했던 나는 어쩌면 내가 아는 모든 사람을 상대로 아무렇지 않게 뻔뻔하게 돈을 빌리는 생활을 이어 나갔던 것 같다.

그렇게 등록금 때문에 또 돈을 빌리던 어느 날, 친한 언니가 돈도 안 빌려주면서 이렇게 말했다.

"은주야, 너는 선교 갈 때는
하나님한테 돈 달라고 잘도 기도하면서,
왜 정작 네가 필요한 등록금에 대해서는
기도하지 않는 거니?"

사실 언니의 말을 듣고 말문이 막혔다. 내가 필요한 것에 대해서 주변 사람들에게는 빌려달라고 하면서, 하나님에게 내 문제와 상황에 대해서는 기도하지 않고 있었던 것을 언니가 어떻게 아는지 꼭 들킨 것만 같았다.

언니의 말을 듣고 생각해 보니, 단기 선교를 하러 갈 때는 200만 원, 혹은 300만 원의 후원금을 잘 받아서 선교지에 전달하곤 했었다. 구할 수 없는 상황이었고 될 리 없는 일들을 기도를 통하여 채워지는 경험들을 여러 번하곤 했었다. 하지만 정작 언니의 말대로 나는 내 문제에 대해서는 하나님께 기도하지 않고 있었다.

하나님께 기도하지 않고 배우지 않으니, 제일 쉬운 현금서비스로 달려갔고 언니의 말대로 친한 사람들에게 아쉬운 소리 하며 돈을 빌리고 살고 있었다. 정말 언니가 봐도, 그리고 내가 생각해도 너무 심한 어리석은 모습을 보이며 살고 있었다.

아마도 나는 그때까지 이렇게 생각했었던 것 같다. 선교를 위해서 기도하는 것은 나를 위한 것이 아니니 기도하는 것이 어렵지 않았다. 적어도 하나님 앞에 당당하게 달라고 구할 수 있었던 것은 분명하고 확실한 대의명분이 있었다고 생각했다. 그리고 많은 물질이 나를 통로로 지나갔고 그것들을 눈으로 보고 경험하였음에도 불구하고 내 것이나 내 필요를 하나님께 구하는 것은 지극히 개인적이라 여겼다. 공부에 대한 확신도 있었고, 사역에 대한 헌신도 있었고, 비록 허랑방탕하게 보이긴 했어도 나름 살아내고자 하는 의지가 있었다. 그래도 내가 필요한 것을 하나님께 정말이지 치열하게 매달리며 기도하지 못했던 이유는 하나님에 대한 불신앙 때문이었다.

누군가의 일침처럼 내가 하는 일에 대해 타인의 도움을 받으며 공부를 하는 것이 남에게 피해를 주는 것인지도 모른다는 내면의 갈등이 있을 때, 나는 그것을 하나님을 향해 던졌던 것 같다. 자신이 없었던 나는 불안했고 그 불안은 신앙과 별개로 재정에 대한 잘못된 지출과 삶의 태도로 번졌다. 그래서 재정 공부는 하나님에 대한 신앙관이기도 하다.

그때쯤 나도 내 삶이 지겨워졌다. 허세로 아무것도 없는 내 모습을 채워가는 데도 지쳐서 사람들에게 관계의 서먹함을 만들면서 아쉬운 소리를 하는 것도 싫어졌었다. 현금서비스도 의미가 없어졌고 정말 다른 길이 필요했던 찰나였다.

'더이상 이렇게 거지같이 살고 싶지 않다.'

고민이 깊어가던 어느 날, 많은 재물을 가지고 있던 한 여성분으로부터 재정에 대한 철학을 배웠다. 그분은 돈은 함부로 사용해서는 안 되는 것이고, 설령 몇백억을 소유한 부자라고 하더라도 그 돈 안에는 그만큼의 시간과 가치가 들어 있으므로 그것을 얻기 위해서는 수많은 것을 절제해야 한다고 말해 주었다. 그리고 부자라고 쉽게 돈을 빌릴 수 있다고 생각해서도 안 되고 빚지지 않는 삶이 돈을 버는 것 못지않게 중요하다는 것에 대해 알려주었다.

내 눈에는 갑자기 부자가 된 것처럼 보였던 그녀의 이야기를 들으며 그녀가 어떻게 하다가 많은 재물을 소유하게 되었는지를 알게 되었고, 또 그 소유를 어떻게 관리하는지를 듣게 되면서 정신을 차리게 되었다. 아니, 도전을 받았다.

내 주변에는 나와 비슷하거나 아니면 나보다 조금 나은 정도의 삶을 사는 친구들이 전부였다. 그런데 나와 전혀 분류의 사람에게서 듣는 재정에 관한 이야기는 참으로 나를 일깨우기에 부족하지 않았다.

나는 그때도 매일 카드사로부터, 그리고 은행 등으로

하루에도 몇 차례의 전화를 받았다. 그리고 약속을 지키지 못하고 하루 이틀 연체를 하기도 했다. 매일 반복되는 이야기를 하는 것도 지겨웠고 미안하다고 말하는 것도 한두 번이지 이렇게 살 수는 없었다.

하루는 또 독촉 전화를 받고 이야기를 하다가 은행 직원에게 물었다. 이자를 갚지 않으면 어떻게 되는지 말이다. 은행원의 말이 원금 천만 원을 일시 상환 청구하게 된다고 알려줬다. 이자만 갚으며 급한 불을 껐다고 착각하며 살았던 나는 너무 무서웠다.

돈에는 인격이 있다. 내가 돈을 잘 쓰면 친구를 만들고 나를 좋은 사람처럼 바꿔 준다. 그런데 돈을 잘못 쓰면 친한 친구 사이를 갈라놓기도 하고 때론 원수가 되게도 한다.

부자가 돈이 많으니까 존경을 받는 것이 아니라 그 안에는 그가 살아온 흔적이 있기에 인정해 주는 것이다. 반대로 과부의 두 렙돈에도 그녀가 쏟은 전부가 녹아 있기에 존중받기에 충분하다

하나님께 재정을 구하는 기도를 시작했습니다

재정에 대한 고민과 방황이 깊어졌다. 하나님께 구하지도 못하고 타인에게 피해를 주는 것 같다는 내면의 갈등 속에서 종지부를 찍어야 하는 그런 시간이 다가오고 있었다. 내가 하나님께 내 사정을 아뢰고 기도하지 못했던 것은 누군가 아닌 나 스스로 하나님께 떳떳하지 못했기 때문이다. 내가 어떻게 재정을 사용했고 무엇을 위해 재정을 사용했는지 하나님에게는 숨길 수 없기에 기도하지 못했었다.

기도해야겠다는 생각이 들었다. 하지만 하나님께 재정을 구하려면 적어도 하나님 앞에 거리낌 없는 양심과 물질에 대한 정직한 태도가 있어야겠다고 생각했다. 빚을 지며 살아도 부끄럽지 않았고 어리석게 재정을 관리하면서도 가난한 환경을 탓했던 것을 버리기 시작했다. 초라하게 빌리며 사는 행위도 멈췄다.

비싼 옷이 없고, 뒤꿈치가 아프지 않은 좋은 구두가 없어도 좋았던 시절이 있었다. 제대로 된 가방이 없어도 천 원만 있으면 살 수 있던 시절이 있었다. 어쩌다가 나의 삶은 이렇게 거품이 올라온 걸까. 너무 오랫동안 경제적 능력과 분수를 살피지 않고 화려하게 꾸미고 살았다. 이제는 이것이 죄라는 것을 알고 회개를 결심했다.

하나님 저의 허세를 회개합니다.
하나님 저의 깊은 마음에는 인정의 욕구가 있었습니다.
하나님 저는 남들보다 잘나 보이고 싶었습니다.
하나님 저는 부자처럼 보이고 싶었습니다.
하나님 저는 하나님보다 돈을 더 우상으로 삼았습니다.
하나님 그 모든 것이 저를 위한 것이었습니다.
하나님 저의 허세를 회개합니다.
하나님 저의 깊은 마음에는 인정의 욕구가 있었습니다.
하나님 저는 남들보다 잘나 보이고 싶었습니다.
하나님 저는 부자처럼 보이고 싶었습니다.
하나님 저는 하나님보다 돈을 더 우상으로 삼았습니다.
하나님 그 모든 것이 저를 위한 것이었습니다.
하나님 저의 허세를 회개합니다.
하나님 저의 깊은 마음에는 인정의 욕구가 있었습니다.
하나님 저는 남들보다 잘나 보이고 싶었습니다.

하나님 저는 부자처럼 보이고 싶었습니다.

하나님 저는 하나님보다 돈을 더 우상으로 삼았습니다.

하나님 그 모든 것이 저를 위한 것이었습니다.

하나님 저의 허세를 회개합니다.

하나님 저의 깊은 마음에는 인정의 욕구가 있었습니다.

하나님 저는 남들보다 잘나 보이고 싶었습니다.

하나님 저는 부자처럼 보이고 싶었습니다.

하나님 저는 하나님보다 돈을 더 우상으로 삼았습니다.

하나님 그 모든 것이 저를 위한 것이었습니다.

정말 하나님 앞에 낱낱이 자백했다. 나의 행위와 그 행위 속에 숨겨진 깊은 본심까지 일일이 회개했다. 무엇보다 상황이 이렇게 끝으로 달려왔지만 더이상 이렇게 살기 싫었다는 것에 대해 하나님의 긍휼을 구했다. 나는 하나님의 복을 받고 싶었다. 그리고 잘 살고 싶었다. 그런데 내 모습은 내가 봐도 하나님의 길과 멀리 벗어난 듯했다.

나를 위해 기도해준 사람, 예언을 멸시치 말고

2004년 짝사랑이 전공이었던 나는 어떤 사람을 좋아하고 있었다. 그리고 보기 좋게 그 사람의 선택을 받지 못했고 마음이 너무 낙담한 상태였다. 아는 전도사님과 함께 만난 형제는 예언의 은사가 있었다. 그때 그 형제가 나를 위해 기도하며 하나님이 자기에게 보여 주신 환상을 말해 주었다.

"자매님! 하나님께서 자매님이 그렇게 낙담하는 것을
기뻐하지 않으십니다.
하나님이 저에게 환상을 보여 주시는데요.
자매님이 데이트하는 모습을 보여 주십니다.
길거리가 한국이 아닌 것 같고요.
팔짱을 끼며 걸어가는데
남자의 모습은 키가 약 180 정도 되고
하얀 얼굴에 안경을 꼈습니다.

그리고 두 번째로 보여 주시는 환상은 자매님이 그 형제

님과 결혼 했는지 한 집에서 함께 있는 모습을 보여 주시는데 그 형제가 책을 보고 있을 때 자매님이 주스를 가져다줍니다.

하나님께서 자매님이 지금 그렇게 힘없이 있는 것을
원하지 않습니다.
그런데 자매님이 결혼하시려면
먼저 자매님의 가정에 있는 우매함과 미련함의 영을 회개하고 깨달아야 합니다.
채무의 영이 자매님 가정의 돈을 전부 빨아들이고 있는 모습을 보여 주고 계십니다."

처음으로 예언하는 사람을 만났고 우연히 동석한 만남에서 이것을 어떻게 하나님의 사인으로 받아들여야 할지 분별이 필요했다. 하지만 그저 내 인생에도 남편이 있구나, 라는 사실에 기뻤고, 그 남편을 만나려면 우매함을 버리고 채무를 끊어내야 한다는 말에 동의가 되었다.

그 사람의 말처럼 내가 진 채무가 모든 돈을 쓸어가고 있는 것은 맞았다. 나뿐만 아니라 우리 집은 한 번도 돈을 모아 본 적 없이 살았다. 하도 없는 집이니깐 돈을 모을 수 있다는 것은 배워본 적 없었고 늘 돈이 없어 쩔쩔매는 모습이 엄마를 닮았고 아빠처럼 필요한 것을 준비해서 쓰거나 관리하지 못하는 모습이 내게도 있었다.

어쨌든 나는 형제를 만나고 내가 어리석다는 것과 재정에 있어서 심각한 문제가 있다는 것을 인정하는 계기가 되었다.

나의 집안에 가난의 영은 물러갈지어다

나의 집안에 채무의 영은 물러갈지어다

나의 인생은 복을 받을지어다

결혼을 막는 영은 떠나갈지어다

그렇게 집에서 매일 밤 기도했다. 내게 있는 우매함과

미련함이 무엇인지에 대해 집중했다. 열심히 그 말이 무슨 뜻일지 생각하고 또 생각했다. 지금껏 살아온 삶의 방식만이 아니라 우리 가정에 오랫동안 확고하게 굳어져 버린 패턴을 바꾸고 잘못된 길에서 돌이켜 회개하는 기도가 절실했다.

나 혼자 바꿀 수 없었던 삶의 스타일을 예수님의 이름을 의지해 싸우듯 새로 세우는 과정이 필요했다. 곧 예수님의 질서를 내 삶에 세우는 것이다. 동시에 자신이 살아왔던 패턴들을 바꾸고 그것을 돌이켜 회개하는 의지적인 노력이 있어야 했다. 가난할 수밖에 없는 패턴을 만들고 있었던 것이 다름이 아닌 바로 나였다. 하나님을 믿고 있으면서도 말이다.

교통사고와 보험금

그렇게 회개 기도를 하고 얼마 지나지 않아 2007년 9월 아주 큰 교통사고가 났다. 내 차는 무리해서 앞차의 꼬리물기를 했고 상대는 좌회전 하던 찰나였다. 앞차를 따라간 기억만 있고 정신을 차려보니 내 차는 앞 범퍼 반이 사라졌다. 사건을 목격한 두 명의 증인으로 인해 나는 가해자로 몰렸다.

가해자와 피해자 사이의 치열한 공방이 있었고 이 과정에서 억울한 마음이 있었다. 그래도 사람이 다치지 않아 정말 다행이었지만 에어백으로 가슴에 통증이 있었고 기어를 잡고 있던 오른손은 손목이 퉁퉁 부어 있었다. 몸도 마음도 만신창이가 되었다.

일이 이렇게 되니 자포자기하는 마음이 올라왔다. 그렇지 않아도 정말 힘들었다. 누군가를 목양하는 전도사라는 사람이 빚에 시달리고 또 빚을 내고 돈을 빌려 다니는 내 모습이 못마땅하게 여겨졌다. 죽으면 어떻게 될까, 생각했다. 내가 죽으면 내가 얼마나 빚을 졌는지 사람들이 알게 될 것이라는 생각에 끔찍했다. 이런 복잡한 심경이 있었는데 교통사고의 가해자까지 되니 마음이 몹시도 힘들었다. 그런데 우연히 가입한 운전자보험에서 내가 가해자라고 300만 원의 보상금이 나왔다. 그리고 그것으로 또 현금서비스를 갚았다.

교통사고를 겪으며 죽는다는 게 무엇인지 깊이 생각하는 시간이 되었다. 죽고 싶은 줄 알았는데 삶이 힘든 것이지 죽고 싶은 게 아니었다. 오히려 살고 싶은 나를 발견했다.

하나님이 마치 죽음이라는 것이 무엇인지 잠깐 보여 준 것 같았다. 어쨌든 몸값으로 받은 300만 원을 받아들고 나는 다시는 죽는다고 말하지 않겠다며 기도했다.

어쨌든 교통사고가 난 후 나는 지인에게 돈을 빌리지 않았다. 그리고 월급 안에서 빚을 갚기 시작했다.

3장

절약하는 것을 처음 배웠습니다

일본 길에 동행한 빚 친구, 삼천만 원

이제야 1년 안에 3천만 원을 어떻게 갚았는지 이야기를 할 수 있을 것 같다. 2007년 9월에 일어난 교통사고 이후 2008년 나는 일본에서 선교사 제의를 받았다. 1999년 선교의 마음을 안고 시작했던 일본을 위한 기도가 이제야 이루어진 것이다.

일본 선교 길에 오르면서 나는 모든 걸 버려야 했다. 박사학위도 자퇴하고 차도 팔아 버렸다. 선교 간다고 자퇴하니 학교에 냈던 2학기 차수의 학비 550만 원을 환불받았다. 당시 사고가 났던 마티즈를 400만 원에 팔았는데, 학자금 대출과 자동차 할부금을 갚고 나니 단숨에 900만 원의 빚이 줄었다. 일본에 선교하러 간다고 부서 선생님들이 십시일반 모아서 150만 원을 주셨다. 또 빚을 갚았다. 그동안 월급으로 버텨오던 현금서비스도 모두 갚게 되고 그때부터 진짜 대출금을 갚기 시작했다. 그래서 2008년 선교를 하러 가기 전 정점을 찍었던 4천만 원의 빚은 그렇게 천만 원을 갚고 시작하게 되었다.

일본 선교를 하러 갈 때 나머지 빚은 3천만 원이 있었다. 당시 2008년 유명했던 리먼 사태가 일어나고, 경제에 관해서는 전혀 무지했고 관심이 없었던 내게 이 해는 일생 일대에 큰 변화를 가져다주었다.

당시 엔화는 최고로 오를 때 1,800원까지 치솟았다. 일본에서 사례를 받으면 야칭(월세)과 관리비, 공과금을 내고 주일 헌금은 따로 떼어 놓았다. 주일 총 3번 예배에 동전을 내지 않기로 작정을 하고 삼천 엔을 4~5주로 예산을 잡아 약 15,000엔(우리 돈 십만 원)을 따로 떼어놓았다. 건축 헌금은 일만 엔(우리 돈 십만 원), 십일조는 비밀이다. 당시 나의 사례비를 말해 주고 싶지만 이건 한 교회의 대외비라 말할 수가 없음을 양해 바란다.

그렇게 헌금을 제외하면 한 달 10만 엔(우리 돈 100만 원) 정도가 남았고 내가 쓸 만한 달 생활비는 약 만 오천 엔(우리 돈 15만 원)으로 세웠다.

한 번도 돈을 절제하지 않고 살았던 나는 일본으로 가서 새로운 환경에서 새로운 삶의 태도로 살기로 작정했다. 그리고 매달 10만 엔(우리 돈 약 100만 원)을 한국에 있는 빚을 갚기 위해 송금했다. 내가 분명 보낼 때는 10만 엔이었는데 한국에 있는 내 계좌로 들어가면 158만 원이 되었다.

일본에서 사역을 시작하고 몇 개월 뒤 서울 사역지에서 850만 원의 퇴직금을 받았는데 그 돈도 대출을 갚는 데 사용했다. 총 나의 빚은 2천2백이 됐다. 일 년 동안 일본에서 한국으로 송금한 돈은 1,872만 원이 되었다.

사람이 이렇게 바뀔 수 있다는 것이 신기할 정도로 나는 일본 생활에서 허투루 사용하는 돈이 하나도 없었다. 그 흔한 일본 음료수 자판기도 사용하지 않았고 100엔을 우습게 보다가 돈 못 모은다는 누군가의 말을 기억하며 하나도 사 먹지 않았다.

일본 교회에서 내가 살았던 원룸까지의 거리는 약 500m였다. 동료가 준 자전거 하나로 모든 교통수단을 해결했다. 시내에 볼일이 있어도 자전거를 타고 다녔고, 전철이나 버스는 비싸서 아예 탈 생각도 하지 않았다.

집안 살림도 하나씩 줄여나가서 작은 원룸 안에 있는 1m의 옷장 안에 사계절 옷이 다 들어갈 정도로 소박해졌으며, 식사도 아침은 거의 먹지 않았고, 점심은 교회에서 해결했다. 저녁도 집에서 달걀과 밥으로만 먹었고 김치는 서울에 와서 먹을 수 있었으며, 특별한 일이 아니고서야 한 달의 한번 정도만 소고기를 먹었다.

너무 바쁜 사역 일정에 친구를 만날 시간도 없었고 예배가 많아서 돈을 쓸 일도 없었다. 토요일이면 교회 성전에서 화장실까지 청소하고 주말이 어떻게 갔는지 모를 정도였다. 일 년을 교회, 집을 오가며 적응하던 사이에 나는 점점 더 외로워졌다. 숨이 막힐 정도로 말이다.

이제 시집갈 수 있겠구나, 아니 다시 원점으로

한국에 남은 빚이 천만 원으로 줄어들 만큼 생활 습관이 단순해졌고 무엇보다 물질에 대한 통제가 가능해졌다. 그리고 처음으로 나도 시집갈 수 있을지도 모르겠다고 생각했다. 빚을 갚으며 자신감이 생기니 나도 모르게 결혼에 대해 생각하게 되었다. 생각만으로도 설레고 좋았다.

막연하지만 조금씩 결혼에 대한 희망을 품기 시작할 때 서울에 계신 어머니에게 전화가 왔다. 전화의 내용인즉슨 전셋집 재개발을 해야 해서 이사를 해야 한다는 말이었다.

고등학교 1학년에 처음 이사 와서 내가 35살이 되는 해까지 그 집의 전세금은 3천 5백만 원이었다. 여름이면 지붕이 샜고 아빠는 여름이 되면 장판을 주워 오셔서 지붕을 수리하곤 했다. 기름보일러를 사용했고 지붕이 새도 주인에게 요구한 적 없었다. 우리 식구가 살 집은 여기 밖에 없다고 생각했다. 그런데 유독 비가 많이 온 한국의 여름 장마는 더이상 장판으로 막을 수 없을 만큼 폭포수처럼 하늘에서 흘러내렸다.

이제는 더는 살 수 없게 되었다는 말에 걱정이 되기 시작했다. 전세가 너무 올라서 부모님은 3천 5백만 원의 전세금을 들고 주변에 갈 곳이 없다고 했다. 결국 반지하를 계약했는데 그곳 반지하 전세금이 5천 3백만 원이니 1,800만 원이 부족하다는 얘기를 하려고 전화한 것이다. 백방으로 알아봐도 돈이 나올 곳이 없으니 어머니는 나에게 전화했다고 하셨다.

"엄마, 나도 일본에 있어서 대출이 안 나와."

한국에 계신 부모님 생각을 하니 마음이 편하지 않았다. 더이상 사람에게 돈을 꾸지 않겠다고 결심했는데 어렵사리 가까운 분에게 전화를 걸어 사정을 말했다.

"네가 그렇게 부탁하는데 내가 어떻게 거절하니."

그분도 자신의 통장에서 마이너스 대출을 받아서 빌려주셨다. 그렇게 큰돈을 빌리고 나니 나의 빚은 원래 천만 원과 부모님 전세자금 1,800백만 원이 모여 다시 2,800만 원이 되었다.
내가 빚을 갚으려고 어떻게 살았는데, 허무함이 밀려왔다. 나도 모르게 이런 말이 입밖으로 나왔다.

'결혼은 무슨 내 주제에 …'

그렇게 희망을 포기한 나에게 네이트 온으로 말을 걸어오던 한 남자가 있었으니 그가 지금의 남편이다.

나와 같은 영혼을 가진 사람

남편을 처음 만난 건 1999년 여름 일본 단기 선교에서였다. 남편과는 10년을 알고 지낸 사이였다. 그냥 사람 사이. 나는 대학원생 25살이고 남편은 21살 대학교 2학년이었다.

2주간의 일본 단기 선교 사역 기간에 만난 우리는 너무 편한 사이였다. 교회 바닥에 누워 쉬고 있는데 남편이 기타를 들고 뚜벅뚜벅 걸어오더니 내 등 뒤에서 기타를 잡고 노래를 부르기 시작했다. 참고로 남편은 기타를 잘 치지 못한다. 더듬더듬 코드를 잡으며 부른 찬양은 "당신은 사랑받기 위해 태어난 사람"이었다.

은주는…. (한참 코드 찾음)
사랑 (코드 찾음)
받기 위해 (코드 찾음)
태어난 (코드 찾음)
사람 (징~)

처음엔 이런 남편의 모습이 어리게만 보였고 귀여웠다. 한 소절만 하고 끝내겠지 했는데 그렇게 더듬거리며 한 곡을 처음부터 끝까지 내 이름을 넣으며 불렀다. 또 사랑이다! 금·사·빠(금방 사랑에 빠진 사람의 줄임말). 그때 이 사람이 내 마음에 확 들어와 버렸다.

나는 정에 항상 목마르고 남자사람을 갈망하는 사람이었기 때문에 좋아하는 사람이 그전에도 많았다. 항상 진심으로 좋아하고, 진심으로 거절당하기 때문에 남편도 그런 사람 중의 하나였다.

습관(?)처럼 단기 선교가 끝나고 남편에게 고백했다. 그랬더니 남편이 물었다.

"근데 왜 선교 기간에는 나에게 그런 말 안 했어?"

나는 남편이 좋다는 것을 전혀 티 내지 않고 있었다.

"응, 선교에 방해가 되니까."

남편은 그 말에 깊은 인상을 받았다고 한다. 콩깍지가 씌려면 별말에도 다 연결이 되는 듯하다. 어쨌든 남편은 내게 완벽한 이성의 감정을 못 느꼈기 때문에(?) 나의 고백을 정중히 거절했다. 그것도 일주일이나 기다려 듣게 했다. 그게 남편에게 1999년 처음으로 차인 기억이다.

그리고 두 번째 차인 것은 2002년쯤 남편이 군대에서 돌아와 엉겁결에 잠깐 만난 적이 있었는데 그때도 보기 좋게 고백했다가 또 차였다. 이때는 화가 났다. 내 감정이 놀림 받는 것 같았다. 남편은 좋은 누나라고 해 놓고, 내가 좋아한다고 하면 그냥 떠나버렸다.

그리고 2009년에 드디어 남편은 나에게 적극적으로 말을 걸어오고 이야기를 했다. 십만 원을 써가며 국제전화를 했다. 어느 날 기도하면서 이번에도 남편이 주는 다정함에 마음을 뺏겨 버리면 가뜩이나 외로운 일본에서 살아남지 못할 것 같다는 생각이 들었다. 이번에도 그러면 벌써 세 번째다. 더는 안 된다는 생각에, 남편에게 국제 문자를 보냈다.

"우리 그냥 사귀자."

남편에게 전화가 왔다.
약 30분을 남편이 횡설수설한다.

그래서 내가 다시 물었다.

"그러니까 사귈 거냐고."

남편은 또 나를 이성으로 보이지 않는다고 대답했다. 그리고 자기가 어린 시절 나의 멘토링이 고마웠고 그 덕에 자신은 상담대학원을 나와 상담사가 되었다고 말했다. 그래서 고마운 마음을 갚고 싶다는 것이다. 이게 세 번째 차인 날이다.

나는 너의 친절에 외국에서 혼자 마음 앓이를 많이 했

다고 말했다. 그리고 내가 원래 다른 사람들에게 좋은 말 많이 해주고 남을 도와주는 게 내 특기니깐 더는 고마워하지 않아도 된다고 말했다. 그냥 너희 어머니가 너에게 맛있는 밥을 해주는 것처럼 일상으로 생각하라는 말을 덧붙였다. 그리고 전화를 끊었다.

나쁜 놈

정말 나쁜 놈

매우 나쁜 놈

그게 끝인 줄 알았다. 그런데 한 달이 안 돼서 남편이 나에게 사귀자고 했다. 갑자기!

사실 남편을 만나기 몇 개월 전부터 나는 일본 교회의 빈 성전에서 아무도 모르게 기도를 하고 있었다. 그때는 남편과 연락을 하지 않을 때였다.

성전에서 기도하고 있는데 내 주변에 있던 두 명의 사람을 물망에 올리고 기도하고 있었다. 좋아해서가 아니라 하나님의 뜻이 무엇인지 알고 싶었다. 그래서 정말 하나님께 이렇게 물었다.

첫 번째 남자를 놓고 물었다.
질문: "하나님, 이 사람은 교회의 목사님 아들인데
　　　이 사람과 결혼하는 것은 어떤가요?"
대답: "그를 위한 단아한 자매가 준비되어 있다"

두 번째 남자를 놓고 물었다.
질문: "그럼 이 사람은 일본인인데 이 사람하고
　　　결혼하면 일본 선교에 도움이 되지 않을까요?"

대답: "그는 너의 짝이 아니다."

기도는 나도 모르게 대화에서 짜증으로 번졌다.

"그럼 나는 누구랑 결혼하라는 말입니까?"

그때 하나님이 나에게 대답하셨다.

"너와 같은 영혼을 가진 사람이다"

정말 솔직하게 그때 하나님의 응답에 이렇게 대답했다.

"얼어 죽을, 같은 영혼은 무슨?"

죄송스럽다. 하지만 한 번도 사귄 적 없는 내게 하나님의 말씀은 감당하기, 아니 믿기 어려운 말씀이었다.

이제 시집갈 수 있겠구나, 진짜

남편이 사귀자고 한 뒤, 첫 데이트는 일본의 오사카였다. 전에 내가 심히 낙심하고 있을 때 나에게 예언을 했던 형제의 이야기가 떠올랐다. 그래서 그 예언의 내용을 다시 적어본다.

"자매님, 하나님께서 자매님이 그렇게 낙담하는 것을 기뻐하지 않으십니다. 하나님이 저에게 환상을 보여 주시는데 자매님이 데이트하는 모습을 보여 주십니다. 길거리가 한국이 아닌 것 같고요. 팔짱을 끼며 걸어가는데 남자의 모습은 키가 약 180 정도 되고(참고로 남편 175) 하얀 얼굴에 안경을 꼈습니다(이건 맞음)."

신기했다. 그대로 되었다. 그리고 우리는 원거리 연애로 지치다 끝나지 않고 결혼에 골인했다.

나의 외모는 상체가 발달한 태양인의 건장한 체질이다. 아무리 살을 빼도 60kg 이하로 내려가지 않을 정도로 뼈대가 굵다. 얼굴도 예쁘기보다는 잘생긴 타입이다. 면접 30번을 볼 만큼 외모에서 점수를 받을 수 없었다. 이런 내가 결혼을 한다!

학교에 다닐 때도 청바지에 티셔츠가 전부였다. 남들은 내가 결혼에 관심이 없을 거로 생각했다. 만약에 김은주가 결혼하면 그게 기적이라고 말할 정도였다. 이런 나를 남편이 여자로 바라봐 주어 결혼할 수 있던 것은 하나님의 은혜였다.

내가 결혼을 한다는 소식은 모든 사람에게 충격(?)과 희망이었다. 정말 결혼할 것 같지 않은, 아니 결혼 못 할 것 같은 내가 결혼한다는 소식을 듣고 300명의 하객이 나의 결혼식에 찾아왔다. 많은 사람이 몰려와 축하해 주는 바람에 음식이 모자랄 정도였고 식사를 못 하고 가시는 분도 생겼다.

결혼식을 마치고 신혼여행지에 와서 어머니에게 전화했다. 결혼식장 비용과 밥값, 예식 앨범 비용 다 지급하고 십일조까지 제외하고 나니 남은 축의금이 딱 600만 원이었다. 우리 집 전세자금을 빌려준 분에게 600만 원을 갚고 결혼하기 전까지 일본에서 더 안 먹고 안 써서 1,200만 원을 갚았다.

우리 집안과 다른 시댁 집안

결혼을 앞두고 남편의 집에 갔을 때 예단비용 500만 원을 봉투에 담아 시어머님에게 드렸다. 어머님은 다시 봉투에 300만 원을 담으시고 부모님께 드리라고 하셨다. 예단 비용은 결혼을 앞둔 여성이 시댁에 보내는 돈이다. 요즘은 아예 예단을 하지 않는 집들도 있지만 나는 나이도 있고 그래도 조금이라도 드리고 싶은 마음에서 준비한 것이지만 너무 부족한 금액이라는 것을 알고 있었다. 게다가 나이도 남편보다 많고 직업도 그렇고 뭐 하나 사랑받을만한 구석이 별로 없다고 생각했었다.

그래도 시아버님께서는 든든한 지원군이 되어 주셨다. 아들보다 4살이나 많은 며느리가 귀한 아들을 휘어잡을까 봐 처음엔 결혼을 반대하셨지만 처음 인사를 드리러 간 날 1시간을 함께 이야기를 나누신 후에는 결혼을 허락하셨다. 그리고 결혼식에서 드는 모든 비용은 아버지가 내겠다고 하셨고 심지어 예물 비용과 신혼여행 비용까지 아버지가 내주셨다.

결혼 예물은 작은 반지로 했고 신혼여행은 제주도로 갔다. 이것도 나에게는 큰 은혜이고 감사한 기억이다. 결혼식장에서 하객 식사, 예식 앨범 비용, 신혼여행까지 모두 천만 원으로 해결했다.

나에게는 넉넉하고 편안하게 대해주신 아버님이셨지만 결혼하고 자세히 보니 정말 근검절약하는 가정이었다. 집안 바닥에 무언가 흘렸을 때도 두루마리 휴지 한 칸으로 해결하는 것이 전혀 이상하지 않은 분위기였다.

남편도 버스를 4번이나 환승하고 회사에 다녔지만, 그것을 불편하게 생각하지 않았고 은행 이체 수수료나 환경부담금 등 봉지 하나도 절대로 낭비하는 일이 없었다. 반대로 여러분이 알다시피 나는 조금만 불편하면 택시를 타는 사람이었지만 말이다. 남편은 평생 위급한 상황이 아니면 택시를 타 본 적이 없다고 했다. 물건을 사도 최저가를 찾아보는 남편과 달리 나는 맘에 드는 것이 있으면 주저하지 않고 사는 사람이었으니 우리는 정말 다른 사람이었다.

하지만 일본에서의 삶이 훈련되어 있었던 지라 남편을 따라 사는 게 그리 어렵지는 않았다. 4번을 환승 받아 900원 하는 마을버스를 타고 집으로 오기 시작했고 전철은 버스비보다 50원이 비싸니깐 잘 타지 않았다. 또 어떤 날은 집에서 사무실까지 7km 되는 거리도 운동 삼아 걷기도 했다. 이렇게 나도 많이 바뀌었다.

하나님의 후회하지 않는 딸이 될게요

결혼 후 남은 천만 원의 빚은 남편과 함께 갚았다. 남편은 선교하러 가느라 자퇴했던 박사학위를 다시 시작할 것을 권했다. 남편을 처음 만나던 시절, 내가 해 준 심리학 이야기가 남편에게는 참 듣기 좋았다고 한다. 그리고 남편은 내 이야기를 참 소중하게 들어주었고 지지해주었다.

35살, 남편의 격려로 뜻밖에 공부를 다시 시작하게 되었다. 한 학기에 550만 원의 등록금이다. 일 년이면 천백만 원을 학자금 융자 없이 남편과 함께 벌면서 충당했다. 박사를 이미 자퇴하고 학업에 뜻이 없던 나였는데 하나님은 남편을 통해서 어린 시절의 기도를 상기시키셨다.

그리고 아주 오래전 가파른 언덕길을 오르며 기도했던 그 말이 생각났다.

"하나님, 저 공부하게 해 주세요.

저 공부시켜주시면
하나님의 후회하지 않는 딸이
될게요."

스스로 접은 이 기도를, 박사 과정도, 결혼도, 꿈도 … 아무것도 내 것이라고 할 수 있는 것이 없던 나에게 하나님은 다 주셨던 것이다.

4장

어쩌다 재테크, 집이 두 채 생겼습니다.

첫 번째 아파트를 샀습니다

신혼여행에서 아이가 생겼다. 그런데 신혼여행을 마치고 일본으로 돌아가 약 보름 정도의 시간 동안 2년간의 선교를 정리하고 돌아와야 했다. 아마 임신 4주 차에 비행기와 무거운 여행용 가방을 여기저기로 끌고 다녔다.

한국으로 돌아와서는 시아버지께서 마련해주신 4천만 원으로 작은 원룸에서 살게 되었다. 옷장을 이리저리 옮기고 임신인지 전혀 몰랐기 때문에 엎드리고 청소도 여러 번 했다. 그리고 한 주가 지나니 몸살이 났다. 아무래도 기분이 이상해서 임신 테스트기를 하니 선명한 두 줄이 그어져 있었다. 그리고 결혼한 지 5주 차에 산부인과에 갔다. 아기집이 보이고 임신 4주라고 했다. 모든 것이 다 이루어지는 것 같았다. 그런데 2주 뒤 병원에 가니 아기의 심장이 뛰지 않는 계류유산이라 했다. 첫 번째 유산이었다. 신혼의 달콤함도 잠시, 첫 유산의 경험은 너무 큰 충격이었다.

일 년 뒤, 시아버님은 6천만 원을 더 주셨고 우리는 1

억 2천의 투 룸 전세로 이사를 했다. 여의도에서 강북의 한 교회로 발령을 받아 다니던 중 이유도 모른 채 또 유산하게 되었다.

그때 나와 같이 사역했던 후배 전도사는 다시 임신하여 순산을 했다. 진심으로 축하해 주었지만, 조금은 억울했다. 혹시 나는 너무 멀리 교회를 다녀서 이것이 유산의 영향을 미친 것은 아닐까라는 생각에 사로잡혔다. 그래서 그 후배처럼 교회 옆에 있는 집을 급하게 찾아봤다.

당시 우리의 재정 상태는 모든 빚을 다 갚은 상태였다. 처음으로 매달 50만 원씩 저축할 수 있었으며 8개월이 지나자 사백만 원을 통장에 모을 수 있었다.

우리가 거주하던 전셋집은 단독 2층이었는데 1층은 주인댁이 살았고 부동산을 하고 있었다. 그리고 우연히 1층 부동산 사장님으로부터 우리가 사는 집 옆에 작은 한 동짜리 아파트가 2억 4천에 매물이 나왔다는 이야기를 들었다.

나는 남편에게 그 집을 사자고 했다. 2012년 당시는 부동산 가격이 내려갈 것이란 예측이 주류를 이뤘을 때였다. 그것도 일본을 따라가는 것이라 언론에서 말하고 있었다. 바로 1년 전까지 일본에서 살다가 온 나는 일본의 살인적인 월세를 실감 나게 이미 알고 있었다. 전문가들의 조언대로 일본을 따라간다면 일본처럼 한국도 전세가 없어질 것이다. 당시 동경은 1·5룸 월세가 110만 원이었고, 내가 살던 오사카는 1·5룸 월세가 90만 원이었다.

나는 월세를 이미 2년이나 일본에서 내봤기 때문에 더는 월세를 내는 것이 너무 아깝다는 생각이 들었다. 차라리 은행에서 대출을 받아 빚을 갚으며 그걸 월세라고 생각하면 돈이 모일 것이라 생각했다.

하지만 빚 없이 살던 남편은 여간 내켜 하지 않았다. 그리고 엄청나게 많이 고민했다. 그사이 나는 아파트 가격은 내려가도 인플레이션을 생각하면 집을 사는 게 이익이라는 생각을 했다.

그리고 끝내 남편을 설득하고 드디어 아파트 한 채를 사기로 했다. 아버지의 돈으로 전세를 살고 있던 터라, 아버지에게 이 돈을 가지고 아파트를 사기로 했다고 말씀드렸다. 지금 생각해도 죄송스럽고 또 죄송스럽다.

그런데 시아버지는 철없는 며느리에게 600만 원을 주시며 지지하셨다. 나는 계약을 위해서 400만 원이면 충분하리라 생각하고 있었다. 계약의 계(契)자도 모르던 나였기에 그 정도면 할 수 있다고 생각한 나와 달리, 아버지는 계약의 기본은 천만 원 아니면 매매 금액의 10%가 필요하다는 것을 아시고 보내주신 것이다. 내가 얼마나 세상 물정 모르며 살아왔는지 새삼 느끼게 된 때였다.

곰팡이 반지하 친정집

지금은 전세를 안고 사는 아파트 매매를 갭투자라고 부른다. 내가 구입한 첫 번째 아파트는 소위 갭투자라고 하는 오늘날 사람들이 많이 하는 그런 방식을 통해 샀다. 투자에 대해서 아무것도 몰랐지만 두 가지 확신은 있었다.

첫째, 화폐가치는 하락한다.
둘째, 그래도 집값은 오른다.

그래서 1억 5천5백만에 전세를 안고, 8천5백만의 빚을 지고 샀다. 1억도 안 되는 금액으로 집을 샀다. 생각해

보니 어린 시절 이와 비슷한 일이 있었던 것 같다. 그때는 내가 너무 어려서 기회인지 뭔지 모르고 지나쳐 버렸지만 말이다.

고등학교 1학년이 될 때까지 약 4평 되는 큰 안방과 두 평 남짓한 부엌 집에 살았다. 부엌 위로는 다락방이 작게 있었다. 면적은 총 7~8평이었고 다섯 식구가 살았다. 화장실은 마당 바깥에 있었기 때문에 저녁이 되면 캄캄한 화장실을 가는 것이 무서웠다.

그러다가 고등학교 1학년이 되어 마포 공덕역과 더 가까운 동네로 3천5백만 원의 24평 전세를 구했다. 아시다시피 그 집은 재개발을 앞둔 집이었고 비만 내리면 폭포수처럼 샐 만큼 매우 낡은 집이었다.

우리가 24평 전세로 처음 이사 가던 해에 집주인은 우리에게 말했다. 이 집이 경매로 넘어가기 전이라 1억에 사지 않겠냐는 제안이었다. 엄마는 너무나 사고 싶어 했다. 그런데 아버지의 반대로 그 집을 사지 못했다. 결국 이 집은 공덕역 인근에서 가장 빨리 재개발되고 16억 이상의 아파트가 되었다. 아버지는 당시 자신이 누리던 방탕함(?)을 누리지 못할 것이란 이유에서 집 사는 것을 반대하셨지만 그 모든 방탕(?)을 다 끝내시고 난 먼 훗날에 인생에서 가장 후회하는 일이라 하셨다.

집주인이 1억에 집을 사라고 했을 때 나는 고등학생이었다. 학생인 나는 그 집의 가치가 얼마인지 전혀 관심이 없었고 우리 부모님도 돈에 대한 개념이 부족했다. 그저 어마어마한 금액인 1억이 우리 가족 모두에게는 큰돈처럼 느껴졌고 결코 넘을 수 없는 벽이라 여겨졌기 때문에 집을 사지 못한 것이 오히려 당연하다고 말했다.

나는 34살이 될 때까지 집이 없었고 돈이 없이 힘들게 살았다고 해도 우리 부모님은 정말 평생이었다. 내가 결혼할 때까지도 친정집은 곰팡이가 피어나는 반지하였다. 반지하가 다 그런 것은 아니지만 2011년 서울에 폭우가 심하게 내린 이후로는 모든 사방의 벽이 시커먼 곰팡이로 가득했다. 집에 들어갈 때마다 곰팡내가 가득했다. 친정집 살림은 주인이 쓰다가 놓고 간 장롱이 전부였고 그것도 20년이나 넘은 것들이었다.

그렇다고 내가 친정집을 계속 도와줄 수도 없는 일이었다. 남편과 나는 월급이 서로 200만 원이 안 되는 금액이었기 때문에 아파트 대출을 갚고 빠듯한 생활을 하고 있었다. 그리고 우리는 여전히 살림이 나아지지 않은 채로 신림동 전셋집에서 살아야 했다. 그런데 집주인이 우리가 전세로 사는 단독 주택 전체를 리모델링해야 하므로 2개월 동안 집을 비워달라고 했다. 어디에도 들어갈 수 없었고 원룸이라도 들어가려면 돈을 지출해야 했기 때문에 그럴 수 없었다. 할 수 없이 반지하 친정집에 2개월간 살기로 했다.

친정집 반지하에 2개월 동안 들어가 살면서 우리는 부모님이 가진 낡은 세간을 다 버리고 우리가 가지고 있던 신혼살림으로 바꾸었다. 곰팡이가 가득한 집에 먼저 벽지를 다 벗겨내고 곰팡이 제거제로 벽을 싹싹 청소했다. 그리고 1cm 두께인 단열 벽지로 벽을 다시 도배했다. 그렇게 2개월을 지내면서 이제 친정집도 안정되고 우리도 안정되리라 생각했다.

남편과 결혼하고 다닌 이사를 세어 보니 여덟 번이었다.

2010년 첫 번째 집 신림동 원룸 전세
2011년 두 번째 집 신림동 투룸 전세

2012년 세 번째 집 휘경동 투룸 전세
2014년 네 번째 집 친정집 약 2개월
2014년 다섯 번째 집 신림동 투룸 전세
2015년 여섯 번째 집 후암동 원룸 전세
2015년 일곱 번째 집 친구네 서초동 집 얹혀살기
2016년 여덟 번째 집 청파동 자가

그렇게 친정집에서 약 두 달을 살고 우리는 신림동으로 이사를 했다. 새로 리모델링된 집에는 붙박이장 및 필요한 모든 것들이 다 갖춰져 있었다. 친정집의 환경도 개선하고 깨끗한 전셋집으로 들어오니 마음이 한결 편했다. 하지만 아무 일이 없으리라 생각했는데 다시 비가 내렸고 친정집은 또 곰팡이가 피었다.

리모델링된 집에서 살면서 마치 신혼을 사는 것 같았다. 내가 살아오면서 이렇게 깨끗한 집에서 살아본 건 처음이었다. 동시에 마음이 너무 무거웠다.

"나는 이렇게 깨끗하고 빛이 잘 드는

좋은 집에서 살고 있는데

엄마와 아빠는 반지하에서 곰팡이와 살고 있구나."

 2013년 서울로 복귀한 지 세 번째 사역지에서 나는 또 임신했고 세 번째 유산을 경험했다. 거듭되는 유산으로 마음은 너덜너덜해졌고 계속되는 소파 수술로 몸에는 숨쉬기 힘든 증상이 생겨버렸다. 그리고 1년 뒤 2014년 나는 다시 자궁외 임신으로 네 번째 유산을 하게 됐다. 나팔관에 착상한 아기는 2cm 미만으로 자라 나팔관을 터뜨리고 3,000cc의 출혈을 일으켰다. 응급실에서 죽다가 살아나고 이 일로 남편과 나는 아이를 포기했다.

 유산 이후 찾아온 우울증과 친정 부모님의 상황은 마음속에서 큰 걸림돌이 되었다. 생명을 상실한 마음은 허전함이 가득했고 무엇을 잡으며 살아야 할지 목표가 사라졌다.

 그동안 내 인생은 내가 한 것이 아니었지만 그래도 별명이 "한다면 하는 김은주"였다. 그런데 처음으로 하고 싶어도, 아무리 기도해도 이루어지지 않는 것을 경험했다. 생명은 내 손으로 만들 수도 지킬 수도 없는 것이었다. 그래서 정말 미치는 것 같았다.

아무리 간절히 사모해도 어떻게 할 수 없는 것이 생명에 관한 일이었다. 힘을 내고 밀어붙이고 결심을 해도 아이만큼은 내 마음대로 할 수 없었다. 그래서였을까. 무언가에 집착하고 싶던 것을 찾고 있었던 나는 친정 부모님의 집을 찾아보기 위해 몰입했다.

매일 친정 부모님의 거처를 마련하려고 부동산 사이트를 폭풍 검색했다. 임대 아파트도 알아보고 좋은 전셋집을 백방으로 알아보았다. 그런데 8천만 원으로 갈 수 있는 번듯한 전셋집은 없었다.

급기야 집을 사는 것까지 알아봤다. 남편은 현재 사놓은 아파트도 빚을 갚고 있는데 내가 친정 부모님의 집을 살까 봐 겁을 냈다. 그 일로 남편과 싸우기까지 했다. 남편은 내가 친정집으로부터 정서적 독립을 하지 않아서 큰일이라고 말했다. 사실 남편의 말은 정확히 맞았다. 하지만 알면서도 부모님에 대한 걱정을 떨치지 못했다. 자식을 유산으로 넷이나 보내고 난 허전한 마음은 부모님이라도 살리려는 집착과 신념으로 똘똘 뭉쳐 있었다.

그렇게 몸부림치는 나를 보며 남편은 어느 날 결정을 내렸다.

"네가 하고 싶은 대로 해. 집을 사려면 사.
나는 네가 행복했으면 좋겠어."

남편은 피폐하게 변하는 나를 보며 안타까워했고 나를 행복하게 하는 길은 부모님의 문제를 해결하는 것으로 생각했었던 것 같다. 나는 남편에게 고마웠다. 남편 말대로 부모님으로부터 정서적 독립을 해야 한다는 것을 모르는 것은 아니었지만 부모님이 너무도 불쌍해 어떻게 다른 일은 손에 잡히지도 않았다. 나는 부모님과 떨어져 살고 있었지만 실은 한시도 그 곁에서 벗어나지 못했다.

65세가 넘으신 어머니는 한평생 남대문에 있는 공장으로 매일 아침부터 저녁까지 12시간 이상 재봉 일을 했다. 당시 8천만 원이면 서울에 있는 근교 빌라를 구입할 수 있었다. 그런데 어머니는 계속 일을 하셔야 했기 때문에 공덕동을 벗어날 수 없다고 하셨고 이에 더하여 당뇨와 혈압을 안고 평생 살았기에 먼 곳을 출퇴근하는 것은 불가능해 보였다. 참으로 이러지도 못하고 저러지도 못하는 상황이었다. 남대문 공장과 가까운 곳에 집을 얻자니 돈이 없고, 먼 곳으로 가자니 어머니의 건강이 안 되고 답이 없어 보였다.

재정에 대한 첫 음성, 내가 너에게 물질의 복을 주겠다

2014년 아버님이 갑자기 허리 수술을 크게 하셨다. 아버님이 갑자기 일을 못 하실 위기에 봉착했다. 아버지에게는 생활비가 필요했다.

남편과 나는 살고 있던 전세금을 빼서 1억을 마련하고 원룸 같은 작은 집으로 이사 갈 생각을 했다. 전세금에서 인출한 1억은 갖고 있던 아파트 전세에서 월세로 돌리고 받은 월세이다. 그리고 이 돈을 아버지에게 생활비로 드리고자 했다.

그런데 월세로 돌리려고 했던 우리의 계획대로 할 수

없는 사정이 생겼다. 세입자는 전세금은 얼마든지 올려 드릴 테니 제발 월세는 돌리지 말아 달라고 간곡히 부탁해 왔다. 매우 난처했다.

그래서 하나님께 기도했다.

"하나님, 아버지에게 월세로 생활비를 드려야 하는데
세입자는 저렇게 사정을 하고.
이를 어쩌면 좋습니까."

그런데 정말 무심코 음성이 들려왔다.

"집을 사라! 내가 너에게 물질의 복을 주겠다."

말씀을 듣고 깜짝 놀라 눈을 떴다. 참고로 음성은 귀에 들리는 소리처럼 들리지 않는다. 마음에서 우러나오는 소리이다. 하나님께서 말씀하실 때를 보면, 항상 나를 놀라

게 만드시는 경우가 대부분이었다. 그리고 늘 어리둥절해서 주위를 다시 돌아보고 다시 기도를 이어갔다.

기도를 마치고 하나님께서 그런 말씀을 하셨으니 그러신가 보다 생각했다. 그리고 이 말을 남편에게 말했더니

"그럼 사야지."

라며 말을 하지 않았다.

하나님은 말씀하셨지만 나에게는 대책이 없어 보였다. 하지만 하나님은 나를 어디론가 또 이끌어 가셨다.

단독 집을 샀습니다

하나님의 음성을 듣기 1년 전, 청년 지체들과 동해의 한 개척교회로 단기 선교를 하러 간 적이 있었다. 그 교회의 예배 위성을 받는 TV가 브라운관 TV였다. 나는 일주일 동안 그 교회에 머물며 마음에 걸렸다. 보통 우리 교단의 개척교회는 여의도의 예배를 위성으로 수신한다.

'이 교회 TV는 브라운관 TV인데,
우리 집 TV는 평면 TV구나.'

동해 선교를 다녀온 후 우리 집의 평면 TV를 볼 때마다 마음에 걸렸다. 이 TV를 동해에 있는 교회로 보내고 싶었다. 그럴 때마다 남편은 자기도 TV를 봐야 한다며 반대했다.

그리고 하나님의 음성을 듣고 얼마 지나지 않아 작년에 갔던 여름 동해 팀이 또다시 그 교회로 방문하기로 했다는 소식을 들었다. 나는 별다른 기대 없이 남편에게 말을 꺼냈다.

"동해 팀이 작년에 갔던 곳으로 다시 간대.
이번에 TV 안 주면 보내고 싶어도 못 해."

지나가는 말처럼 흘려 말했다. 그런데 남편이 예상외의 대답을 했다.

"그럼 보내. 그것도 교회를 세우는 거니까."

"정말?"

나는 남편의 마음이 바뀔까 싶어 서둘러 동해팀 팀장의 차에 TV를 실어 보냈다. 그렇게 TV를 보내고 난 후 집은 텅 빈 것 같았다. 아무 대책도 없이 TV를 보내버렸다. 어차피 우리는 원룸으로 이사 갈 거니까 하고 남편을 위로했다.

그리고 남편에게 집을 내놓자고 말했다. 신림동 전셋집은 전세금이 자꾸 오르고 있으니 더는 살 수 없다고 생각했다. 아직 만기가 되려면 몇 개월이 남았으니 여유 있게 주인에게 말씀드리고 집을 나갈 수 있게 하자고 말했다. 그저 몇 달 전이니 말하고 미리 집을 내놓으라고 할 참이었다.

그런데 집주인에게 그 말을 한 바로 그날, 우리 집을 보러왔던 신혼부부가 전셋집을 보고 계약을 하겠다고 했다. 집을 내놓은 지 4시간 만에 집이 나갔다. 순간 어리둥절했다. 집주인은 천만 원을 우리에게 주면서 이 돈으로 이사 갈 집을 계약하라고 했다. 갑자기 천만 원이 먼저 생겼고 이사 갈 집을 찾아야 했다.

그때부터 나는 부동산 사이트를 뒤지기 시작했다. 그리고 현재 사는 청파동 단독 주택을 봤다. 이 집은 3억 3천만 원이었고 1층 17평, 2층 15평의 전용면적을 갖고 있었다. 부동산에 문의하니 집이 있다고 했다. 이 집은 부모님이 살고 있던 공덕동에서 멀지 않은 만리시장 부근이었다.

우리는 어머니에게 이 집을 보여 드렸다. 아버님을 위해서 원룸으로 이사 갈 계획은 새까맣게 잊어버리고 친정 부모님이 살 집을 먼저 찾고 있던 터라 다른 계획은 생각도 못 했다. 좀 낡았지만 고쳐서 쓰면 살 만한 집이었다. 어머니도 마음에 들어 했다.

그리고 이 집은 1층이 8천만 원 전세였고, 2층은 1억 원 전세였다. 친정 부모님의 집 전세가 8천이었기 때문에 그 돈으로 친정 부모님이 1층에 들어와 살면 되겠다고 생각했다.

집주인은 빨리 계약하면 500만 원을 깎아 주겠다고 해서 급하게 사기로 했다. 결국, 단독 주택을 3억 2천 5백만 원에 샀다. 하지만 당장 우리가 치러야 할 잔금은 1억 3천만 원이었다. 당시 우리가 살던 전셋집은 1억 2천이었고, 그 전셋집을 빼고 나머지 잔금을 치렀다. 그리고 우리는 새로 대출을 받아 원룸으로 이사를 갔다.

단독 주택 3억 2천 5백만 원		
1층 세입자	8천만 원	친정 전세금 8천만 원으로 충당
2층 세입자	1억 원	
계약금	천만 원	
치러야 할 잔금	1억 3천 5백만 원	주인이 돌려준 천만 원 제외 전세금 1억 2천만 원
부족한 금액	천 5백만 원	부족한 금액과 원룸 전세비 7천만 원을 합쳐 8,500만 원 대출받음

단독 주택을 사게 되니 기분이 좋았다. 더는 이사 가지 않아도 된다고 생각했고 무엇보다 부모님이 편하게 살 수 있으리란 생각에 마음이 놓였다. 그런데 이 집은 하자가 많은 집이었다. 훗날 옥상 누수에서 바닥 누수까지 가장 먼저 1층 세입자가 너무 추워서 살 수 없다고 기한도 채우지 않고 먼저 이사를 가버렸다. 2층의 세입자는 집을 사서 나갔다.

생각해 보니 다 내 마음대로 이기적으로 결정하고 고

집을 부려 여기까지 왔다. 남편에게 미안한 것은 당연하고 시댁에도 면목이 없었다. 돈 한 푼 없이 숟가락만 들고 시집을 와서 자기 맘대로 아들을 이리저리 데리고 이사하는 며느리였다. 그런데도 항상 시부모님은 그것마저 도와주셨다. 시아버님은 우리가 이사를 할 때마다 포장 이사를 하지 않게 하시려고 자신의 트럭으로 이사를 해주셨다.

그 후에 일어난 기적

후암동 원룸에서 변변한 살림 없이 살았다. 아이가 없어서 살림도 많지 않았고 둘이 참 행복하게 살았다. 남편 회사도 집 근처였기 때문에 퇴근하면 남편을 평상시보다 더 일찍 볼 수 있었다. 우리는 매일 남산을 산책하며 두런두런 이야기를 나누었다.

네 번째 유산할 때 자궁에 선근증이 있다고 했었다. 이사도 마치고 삶이 좀 정돈되자 서울역에 있는 한 여성 병원에 갔다. 가깝고 유명한 병원이기 때문에 정확한 진료를 해 줄 것이라 신뢰하고 찾아갔는데 그곳은 시험관 임신으로 유명한 병원이었다. 약 한 달을 기다려 진료를 받았고 교수님은 나에게 "임신에는 문제가 없네요"라고 말해 주었다.

당시 내 나이가 마흔이었다. 나는 내 몸의 상태가 괜찮은지 알고 싶었는데 어리둥절하게 아이를 가질 수 있다는 말을 들었다. 그리고 엉겁결에 시험관 임신 프로그램으로 들어가게 됐다. 처음이자 마지막이라 생각하고 진행했다.

적어도 내가 이렇게 최선을 다했노라고 훗날 하나님에게 할 말이 있어야 한다고 생각했다. 시험관은 인간인 내가 할 수 있는 최선의 방법이기에 그때 당당하게 하나님께 "시험관까지 했잖아요"라고 말씀드릴 생각이었다.

그리고 공교롭게 시험관을 통해 임신에 성공했다.

원룸으로 이사를 오고 난 뒤 얼마 지나지 않아 친정어머니는 허리 수술을 하셨다. 더는 도저히 참을 수 없을 정도로 허리가 아파서 할 수밖에 없었다. 어머니는 40년 이상을 해오던 미싱 일을 그만두셔야 했다.

나는 임신에 성공하고 그렇게 출산을 앞두고 있을 때 어머니는 미싱 일을 그만두고 집에 있게 됐으니 아들을 봐주시겠다고 했다.

뜻밖의 제안이었다.

어머니는 내가 어릴 때부터 항상 집에 안 계셨다. 공장에 이른 아침부터 출근했다가 밤이 늦어서야 돌아왔다. 매일 아침에 일어나면 엄마가 없어서 울며 하루를 시작했다. 나는 엄마가 필요했다.

아이를 임신할 때마다 나의 고민은 내 어린시절과 비슷했다. 내가 겪었던 것처럼 아이가 엄마를 찾을 때, 아이 옆에 있을 수 없다는 사실이 너무 힘들었다. 마치 나처럼 아이에게 상처를 입히게 될 것 같았다. 그런데 어머니의 제안이 큰 대안처럼 보였다.

마침내 우리가 산 단독 주택 집은 1층 세입자의 만기로 빈집이 되었다. 그리고 2016년 11월 28일 청파동 1층 집을 대수선 했다. 4천만 원이라는 큰 금액을 들여 리모델링을 진행했다. 아이를 낳은 후 출산 휴가를 보내면서 후암동 원룸에서 청파동 현장을 오고 갔다. 아직 추위가 가시지 않은 2017년 두 달을 리모델링하면서 보내고 친정 부모님은 그해 3월에 입주했다.

그리고 6월에 2층 세입자가 집을 사게 되어 이사해야 한다고 했다. 돈을 돌려줘야 했기에 갑작스럽게 1억을 대출했다. 그래서 갖고 있던 첫 번째 아파트를 처분했다.

2억 4천만 원에 샀던 아파트는 2017년이 되어 3억 5백만 원이 됐고 아파트를 팔고 남은 6천만 원의 수익금에 4천만 원 대출을 받아 2층 세입자에게 주었다. 그리고 우리는 2층으로 입주했다.

# 5장

재정 훈련을 받고 있습니다

억지로라도 하나님 때문에 효도합니다

 지금은 이렇게 깔끔하게 정리해서 말하고 있지만 나는 정말 겁이 났다. 아기를 낳고 몸이 회복되지도 않았지만 이러다가 내가 정말 큰 사고를 치면 어떡하지 겁이 났다. 시아버지는 세입자의 전세 보증금을 마련하기 위해 담보 대출을 받아 주셨다. 혹시 내가 잘못해서 집이 경매로 넘어가면 안 된다는 불안이 극도로 치솟았다.

 할 수 있는 일이란 매번 그렇듯이 교회 가서 기도하는 일밖에 없었다. 사고치고 기도하고. 정말 나란 인간은 내가 봐도 한심하게 보였다. 펑펑 울며 기도했다.

 그때 하나님이 말씀하셨다.

 "네 아비의 집을 사라."

 하나님이 아버지의 이름으로 집을 사라고 하신 것이

진짜로 믿어졌다. 그래서 아버지의 이름으로 집을 사야겠다고 생각하고 부동산 검색에 들어갔다. 2년 전만 해도 8천만 원 정도면 빌라라도 살 수 있었는데 2016년이 되니 그 새 올라서 최저 일억 이하의 집을 찾아보기 어려웠다.

한참을 찾다가 안양의 어느 빌라 하나가 지상 2층 탑층 매물로 나왔다. 전세가 8천에 들어 있는 1억짜리 매물이었다.

남편과 나는 황급히 달려가 그 집을 보러 갔다. 집 바로 옆으로 개천이 흐르고 깨끗하고 한적한 동네였다. 그 집을 500만 원에 계약했다. 그리고 2천만 원을 더 빌려서 8천의 전세를 끼고 집을 샀다.

우리가 빌린 이천만 원은 엄마와 아빠에게 아들을 봐주는 용돈이라고 했다. 그런데 집을 사자마자 봄에 내리는 비에 찬장 누수가 있었다. 옥상에 방수 공사를 다 하고 보니 겨울에는 춥고 여름에 더운 게 문제였지만 층간 소음으로부터 자유로우니 좋은 거 같았다.

아버지의 이름으로 안양집을 계약했지만, 아버지가 가지고 계시던 8천만 원은 그냥 생긴 돈이 아니었다. 아버지는 젊은 날부터 술을 드셨다. 어머니가 300만 원 이상을 미싱 일을 하며 벌었다. 많게는 500만 원까지도 벌었다.

그런데도 우리가 항상 가난했던 이유는 모든 돈을 아버지가 술로 마셔버렸기 때문이었다. 내가 가진 한때 재정에 대한 흥청망청하는 모습들은 재정에 대한 갈급함도 있겠지만 어떤 의미에서 아버지의 모습을 보고 많이 배운 탓이다. 반대로 어머니는 평생을 벌어도 자기 옷 하나, 그릇 하나, 가구 하나 산 일이 없었다. 그렇게 소처럼, 성실하게 돈만 벌어 주었다. 어머니가 번 돈으로 네 식구가 살기에는 부족한 금액이 아니었지만, 구멍 난 곳은 집의 천장만이 아니라 아버지의 허랑방탕한 삶으로 늘 부족했다.

따라서 아버지가 쥐고 있던 8천만 원은 오빠가 아르바이트하면서 보탠 전세금이었고, 언니가 시집을 가기 위해 모은 돈이었고, 아버지 몰래 모아온 엄마의 쌈짓돈이었고, 그리고 마지막으로 내가 일본에서 김치와 달걀만 먹으며 모았던 돈이었다.

아버지는 그래도 항상 떳떳하게 그중 4천만 원이 자기 것으로 생각했다. 늘 4천만 원을 달라고 했다. 그러면 자기는 알아서 살겠다고 했다. 아버지가 평생 입버릇처럼 했던 이 말은 아버지의 속내가 숨겨져 있었다. 아버지는 늙어서까지 끝내 자기가 하고 싶은 대로 살고자 했다. 어머니는 아버지의 이 말 때문에 분통을 터뜨렸다. 그래도 2004년에 술과 담배를 끊고 교회에도 다시 나오셨지만, 말버릇과 습관은 쉽게 고쳐지지 않았다.

그리고 아버지는 안양의 집까지 사게 되자 오히려 기세등등해져서 돈을 요구하기 시작했다. 4천만 원을 주면 자기는 알아서 살겠다는 지극히 이기적이고, 비현실적인 그런 말들을 계속 요구했다.

나는 아버지의 구원을 위해 수년을 기도해온 막내딸이지만 더는 참을 수 없었다. 그리고 아버지에게 평생에 단 한 번 단호한 말을 꺼냈다.

"아버지가 그렇게 힘드신 줄은 몰랐네요.
그렇게 힘드시면 이 집을 다른 사람에게 전세로 주고
전세금을 빼서 4천만 원을 줄 테니 이제 알아서 하세요.
앞으로 저는 더는 그런 말을 들어줄 수 없습니다."

아버지는 귀여운 막내딸, 철없는 막내딸에서 집주인으로, 장성한 한 사람으로 바라보는 게 힘들었을지도 모른다. 나도 내가 책임져야 하는 남편이 있고 아들이 있다. 더 이상 내가 물러나면 불쌍한 어머니는 아버지의 말을 따를 수밖에 없다.

아버지는 그날 이후 말을 하지 않았다. 나도 아버지에게 말을 꺼내지 않았다. 1층에서 사시는 아버지는 2층으로 올라와 화해를 요청했다. 자신은 즐겨 가는 종묘를 가는데 이 집이 더 좋고 서울에 있는 이 집은 자신이 살기에 좋은 곳이라고 했다.

그러더니 뜬금없이 아버지는 나에게 기도를 드리자고 청했다. 나와 어머니, 아버지 그렇게 모였고 아버지는 회개 기도를 하기 시작했다. 그 사이 6개월 된 아들은 아버지의 손과 내 손을 번갈아 잡으며 기어 다니고 있었다. 그 후로 아버지는 쓸데없는 말을 하지 않았다. 그리고 간간이 남아 있던 폭력도 사라졌다.

10년 동안 아버지를 위해 기도했고, 아버지와의 관계에서 비롯된 여러 가지 문제들을 해석하고자 심리학을 공부했다. 아버지는 평생을 술을 마시며 가족들을 괴롭혔다. 어머니는 아버지가 세상 끝까지 당신을 찾아낼 거라는 말을 진심으로 믿었고 무서워서 이혼도 하지 못했다. 그렇게 혼자 3남매를 외벌이로 키우셨다.

사역자가 된 날에도 설교하기 전날인 토요일에 아버지로부터 뺨을 맞아 부은 얼굴로 교회에 갔다. 이런 아버지를 처음부터 사랑한 것은 아니었다. 나는 고등학교 1학년이 되고 머리에 아는 것이 많아지기 시작하자 아버지라는 사람이 인간으로 보이지 않았다.

그런데 신학교에 들어가 구약학 교수님이셨던 차준희 교수님은 수업시간에 부모님을 사회적 약자라고 표현하셨다. 나에게는 그 단어가 깊이 다가왔다. 그리고 아버지의 어린 시절과 내면의 상처를 이해하니 아버지가 하는 말들이나 행동으로부터 상처를 덜 받게 되었다.

아버지는 나에게 아무것도 남기지 않은 것이 아니라 내가 공부할 수 있도록 적극적인 동기를 제공한 분이다. 아버지 덕분에 연세대학교 신학대학원도, 일도, 공부도 계속할 수 있었다.

어머니는 아버지와 자주 싸웠다. 하지만 어머니는 아버지를 이길 수 없었다. 하지만 나는 아버지의 피를 이어받은 딸이기에 아버지만큼, 심하게 말하면 아버지를 넘어서 아버지를 이기려고 했다. 속상한 일들이 지나가고 모든 것이 다시 안정을 찾은 것 같을 때 하나님께 기도했다.

"하나님 그동안 제가 어머니를 보호한다는 명목으로
아버지보다 위에서 이 집안의 가장 역할을 했습니다.
그러나 하나님이 주신 권위와 질서는 그게 아닙니다.
잘못했습니다.
이제부터는 아버지의 권위를 다시 올려 드리고
저는 딸이 되겠습니다."

그날 이후 아버지가 밖에서 뭘 주워 오시든, 집에 박스 테이프를 휘감으시든 상관하지 않았다. 더는 잔소리하며 아버지를 가르치려고 하지 않았다. 그리고 아버지의 이름으로 샀던 안양 집을 팔았다. 1억에 샀던 그 집은 1억 천만 원이 되었고, 수리비 등의 부가비용을 제외하고 나니 6백만 원이 남았다.

아버지에게 오백만 원을 드리고 어머니에게는 백만 원을 드렸다. 아버지는 살면서 처음으로 큰돈을 만져 본다며 좋아하셨다. 집을 살 때 썼던 2천만 원의 갭은 어머니를 위한 적립금으로 보관하였다가 어머니의 치과 치료비로 천삼백만 원을 지출하고 나머지는 아직 관리하고 있다.

욕심으로 날린 2천 5백만 원과 두 번째 아파트

친정집은 50년 전 서울로 상경하고 처음으로 생긴 자기 집이다. 비록 구옥이지만 리모델링을 하고 나니 번듯한 집이 되었다. 부모님은 흐뭇해하셨다. 살림도 마치 신혼집처럼 하나씩 채우기 시작했고 오랫동안 살던 마포지역을 떠나지 않아 좋다고 하셨다.

나는 아버지에게 혹시 더 원하시는 것은 없냐고 물었다. 아버지는 소원이 있다면 새 아파트에서 한번 살아보고 싶다고 말씀하셨다. 새 아파트에서 사는 사람들을 보면서 부러웠다고 했다.

아버지의 말을 듣자마자 또 집을 알아보기 시작했다. 이것은 내가 부모로부터 분리되지 못했다는 증거이기도 하다. 세월이 지나 어느 정도 성장한 줄 알았는데 또 제자리였다. 자식이 부모의 자리에서 어떻게 도와줄 수 있을

지를 고민하고 있는 모습 자체가 건강치 못한 모습이라는 것을 알지만, 그래도 같이 살다 보니 부모님을 모른 척할 수가 없었다.

2018년 추석, 남편과 홍대 입구를 지나가다가 지역주택조합 홍보관에 들어가게 되었는데 4억 정도면 25평 새 아파트를 살 수 있다는 말에 혹 넘어갔다. 그리고 아버지의 이름으로 지역주택조합 아파트를 계약했다.

그런데 지역주택조합은 국가에서 진행하는 재개발이 아니고 민간단체에서 진행하는 개발이라 성공할 가능성이 희박했다. 하루하루 피 말리는 일이었다. 결국 우리는 계약금으로 냈던 2,500만 원을 포기하고 손을 뗐다.

우리 형편에 새 아파트는 욕심이고 충동이었다. 2,500만 원이라는 엄청난 돈을 무식해서 손해 봤다. 아버지의 소원을 이뤄 드린다는 핑계로 욕심을 냈고, 처음으로 집을 사며 손해를 봤다.

만약 우리가 사는 단독 주택이 재개발된다면 그때 나올 이주비로 부모님과 함께 살 수 있는 넓은 평수를 구할 수 없을 것이라 생각했던 나머지, 아파트를 한 채 더 필요하다고 오산한 것이 문제였다.

그 후, 평소 잘 다니던 행신역 아파트를 보러 갔다. 마침 급매로 나온 집이 하나 있었는데 올 수리가 되어 있었고 매매가 3억 6천에 전세는 3억이었다.

우리는 지역주택조합 사업을 빠져나와 가지고 있던 3천만 원의 돈과 나머지 3천만 원을 대출받아 행신동의 아파트를 샀다. 두 번째 아파트다. 그리고 재개발은 당장 될 것이 아니니 2027년까지 임대로 등록했다.

마음이 편안해졌다. 부모님이 이사할 곳이 없어 이리저리 헤매지 않아도 된다는 사실에 기뻤다. 전세금이 아무리 올라도 남에게 돈을 빌리지 않아도 된다고 생각했다. 그 당시 은행 빚은 약 8천만 원 정도 남아 있었다.

20년을 넘게 실천하는 습관

나는 나의 성장과정이 특별한 집안이었다기보다는 특수한 집안이었다고 생각한다. 남편과 달리 정서적으로 독립하지 못해 부모님을 항상 돌봐야 한다고 생각하고 있었다. 그중에 하나가 성인이 되면서 시작한 용돈드리기다. 벌써 20년 넘게 아버지에게 용돈을 드렸다. 아무리 어려워도 아버지에게 용돈을 드렸고 매를 맞아도 용돈을 끊지 않았다. 그런데 내가 아버지에게 돈을 드리기로 한 것은 부모를 공경하라는 첫 계명에 대한 말씀을 들은 후부터다. 왠지 그렇게 해야 될 것 같았다.

아버지에게 용돈을 드리면 어머니는 숨통이 트였다. 어머니는 평균 300, 400만 원을 벌어도 자녀들에게 용돈 한번 제대로 줄 수 없었다. 아침 9시 전에 출근하고 매일 저녁 12시 혹은 밤을 새워 일하셨다. 그렇게 아침에 피곤하고 바쁘게 출근하는 어머니에게 나는 먼저 밖에 나가서 아버지 몰래 "엄마 천원만" 하며 졸라댔다. 그러면 어머니는 왜 항상 바쁜 출근 시간에 그러느냐면서 짜증을 냈다. 어른이 되어 다시 얘기해보니 어머니가 짜증을 낸 건 그 천 원을 줄 수 없는 경우가 많았기 때문이었다.

어머니가 허리 수술을 하고 내가 사역을 하고 있을 때, 어머니는 출근하는 나를 붙들고 돈 좀 있냐고 물었다. 나는 어머니에게 아무렇지 않게 짜증을 부리며 어머니는 왜 꼭 바쁜 아침에 이런 말을 꺼내냐며 말했다. 그렇게 짜증을 내면서 돈도 드리지 못했다.

나 역시도 줄 돈이 없었다. 어머니는 내 마음을 몰랐을 것이다. 어린 내가 어머니를 이해하지 못했던 것처럼 말이다. 나는 어머니에게 짜증을 내는 게 내가 없다고 말하는 것보다 더 편했다.

집을 나서면서 어린 시절 엄마 마음이 이랬겠구나 하고 생각하니 눈시울이 붉어졌다.

그때부터였을까. 아무리 힘들어도 부모님에게 용돈은 드리자 마음먹었다. 그리고 전도사가 되면서부터 아버지에게 용돈을 드렸다. 결혼을 하고는 한 달도 빠지지 않고 시부모님에게도 용돈을 드리고 있다.

그렇다고 자랑할 만한 액수는 아니다. 처음에는 10만 원으로 시작을 했고 두 가정에 보내는 금액이 40만 원 조금 넘는다. 재정 훈련 가운데 부모에게 용돈을 드리는 훈련은 꼭 필요한 것이라 생각된다.

드릴 건 없고 나를 바칩니다

4번째 유산인 자궁 외 임신을 겪고 난 다음에 무기력해졌다. 그저 덤덤한 마음에 이런 글을 썼다.

> "하나님께서 나에게 생명을 허락하시고
> 그 생명을 내 뱃속에서 7주를 넘어
> 10개월을 무사히 넘기게 하시고
> 건강한 아들을 출산하게 하시면
> 제가 목사 안수를 받겠습니다."

  보통 한나의 기도는 자기 아들을 하나님의 사람으로 헌신하겠다는 기도라고 한다면 내가 드린 기도는 나를 바치는 기도이다.

  내가 사역했던 교회는 여자 사역자에게 목사안수를 주지 않는다. 그런데 한 십 년 전부터 20년 이상의 경력을 가진 여성 사역자에게는 조건적으로 주기 시작했다. 대신 한 가지 조건이 있었는데 목사 안수를 받은 여자 사역자는 2년 뒤에 사임하는 것이 조건이었다.

  당시 섬기던 교회의 여성 사역자 정년은 55세였다. 나는 하나님의 은혜로 아들을 낳았다. 하지만 약속을 지켜야 한다는 생각에 목사 안수를 신청했고 43살에 목사 안수를 받았다. 내가 목사 안수를 받은 이유는 20살에 하나님께서 나에게 해 주신 음성 때문이었다.

"은주야,

나는 네가 교사가 되든 전도사가 되든 목사가 되든

나는 너를 기다리겠다."

하나님의 메시지였다.

나 같은 사람이 기다릴만한 사람이었던가, 나 같은 사람이 기다릴만한 가치가 있는 사람이었던가, 늘 초등학교 때 친구들과 화장실을 가면 나는 다른 사람들을 기다리는 사람이었고 내가 일을 보면 그 친구가 떠나갈까 봐 조바심 내면서 일을 보던 사람이었다. 당당하게 기다려줘 라고 말하는 친구들이 부러웠고 그래도 용기 내 그런 말을 하지 못했다. 그냥 나는 기다리는 사람이었다.

그런데 천지의 주재이신 하나님이

나를 기다리신다니…

이 말씀 하나만으로도 하염없이 감사해서 눈물을 흘렸던 그때가 생각났다. 지금은 너무나 많은 것을 가졌고 많은 사람을 기다리게도 한다. 그런데 내가 아무것도 아닌 시절 나를 기다려 주신 하나님을 더 기다리게 할 수는 없었다.

"하나님, 나의 마음은 매너리즘 때문인지 아니면
세속적인 것을 너무 많이 맛본 탓인지 알 수 없지만
남편도 없던 혼자 시절의 배고프고 외로웠던 정신도 없고,
자식 없는 억울한 한나의 마음도 없어서
제가 이러는 건지 모르겠지만
저는 더는 주님께 드릴 비전도 선한 마음도 없습니다.

솔직히 무엇보다 제가 앞으로 개척을 해서
큰일을 한다는 자신감이 없고

저를 믿지도 못하겠습니다.

그런데 저는 딱 하나 드릴 것이 있습니다.

그것은 바로 저의 마음입니다.

하나님이 저를 기다리신다고 하셨으니

제 인생에 이렇게 많은 것을 해 주신 하나님을
기다리게 할 수 없습니다.

지금까지 하나님이 하신 일을 보았으니

저는 하나님이 어떤 분이신 줄 알고 있습니다.

오래 기다리지 않으시도록 달려가겠습니다.

그저 이 마음 하나만 목사 안수를 받겠습니다."

참 엉뚱한 이야기이지만, 일본 애니메이션 중에 "시간을 달리는 소녀"라는 영화가 있다. 여자 주인공의 이름은 마코토이다. 주인공의 이모는 미래에서 온 남자 친구를 그리워하는 마코토에게 이렇게 말한다.

"마코토, 내가 아는 너는 보고 싶다고
그저 기다리기만 하는 아이가 아니야!

너는 그와 만날 약속 장소까지 달려갈 아이야."

비록 애니메이션에서 나온 대사였지만 그 대사를 들으며 펑펑 울었다. 하나님을 사랑하는 마음만큼은 남들과 비교해지지 않을 거로 생각했는데 나는 하나님을 향해 달려가지도 않았고 머뭇거리고만 있었다.

생각해 보니 계획하고 여기까지 온 것도 아니었다. 대학시험을 본 것도, 집을 산 것도, 부모님을 모시게 된 것도, 결혼하게 된 것도, 훌륭한 시댁을 만나게 된 것도, 자녀를 갖게 된 것도 말이다.

무엇하나 제대로 할 줄도 모르고 재정도 사용할 줄 모르는 나를 하나님께서 불쌍히 여기셔서 여기까지 인도해 주셨다. 그리고 삶을 뒤돌아보니 한 가지 달라진 점이 있었다. 이제는 하나님께서 나를 어떻게 인도하실지 모르지만 두려움 없이 달려갈 수 있으리란 마음이다. 주님에 대한 신뢰가 생겼다.

개척을 지원하라

목사 안수를 받고 난 뒤 본격적으로 기도하기 시작했다. 내가 사역하던 교회는 나의 모 교회다. 나는 이 교회를 너무 사랑했고 자랑스러워했다. 나는 한 번도 이 교회를 떠난 적 없었다. 이 교회에서 하나님을 만났고 남편을 만났고 아이도 얻었다. 큰 교회의 부교역자라는 직함은 마치 그 교회가 내 것인 양, 든든한 뒷배경이 되어주다 보니 그것이 곧 나 인양 살아왔다.

그런데 결정해야 할 시간이 되었다. 계획하는 기도가 아닌 마음을 내려놓는 기도가 필요했다. 내가 누린 것이 내 것으로 생각하지 않도록, 그리고 과거의 영광에 잠식되어 현실의 나를 돌아보지 못하는 일이 없도록 말이다. 다른 사람이 볼 때는 어떨지 모르지만, 솔직히 이 기도를 할 때 나의 내면은 정말 치열했다.

'이것이 무엇이라고. 사역자인 내가, 주의 종이라는 내가,
나의 기득권을 내려놓지 못해서
그것을 내려놓을 수 있도록 기도한다니.'

기도를 계속하던 중 2019년 5월에 목사 안수를 받았고, 그해 11월 교역자 수련회에서 나는 하나님의 음성을 들었다.

"개척을 지원해라!!"

두려운 응답이었다. 가난은 내가 지금까지 두려워했던 것들의 표상이었다. 가난은 나에게 곧 죽음과 같았다. 단지 먹고 살기 위해서가 아니라 인정받고 가치 있는 존재가

아닌 것처럼 느끼게 하는 죽음이다.

세계에서 가장 큰 교회의 부교역자라는 타이틀은 그 자체로 아무것도 아닌 나를 무엇이 된 것처럼 느끼게 해줬다. 시댁에서, 친정에서, 친구들과 주변 사람들에게 어디서든 나는 그 타이틀 하나면 됐다. 그런데 이것이 사라진다는 것은 어떤 의미에서 사회적인 죽음과 같은 것이다.

개척하라니요, 고정적인 수입이라는 안정적인 공급처와 피난처를 버리라는 것은 배고픔보다 더한 사회적 암매장 같아 보였다.

나는 처음으로 명예 은퇴자들의 마음을 알 수 있었다. 돈도 걱정이고 앞으로 갚아야 할 이자도 걱정이지만 무엇보다 나의 존재가치를 잃어버린다는 것은 큰 벌을 받는 것처럼 느껴졌다.

그리고 2021년 8월 초에 드디어 개척 발령을 받았다. 발령을 받고 잠을 정말 많이 잤다. 자고 또 자도 너무 피곤했다. 다행히 남편이 출근하고 아이가 어린이집을 갔기에 마음 편히 잘 수 있었다. 그리고 모두가 잠든 후, 기도하고 또 기도했다.

어디에 개척해야 할지, 어떤 사역을 해야 할지 이번에

도 막막해서 기도했다. 기도하면서도 마음 한편에는 제 작년 아파트를 사고 난 뒤 남아 있는 8천만 원의 빚과 그 이자를 어떻게 갚아야 하는지 도무지 방법이 생각나지 않았다.

그런데 또 놀라운 일이 일어났다. 올해 개척 지원자부터 교회에서 특별지원금이 생겼고 나는 6천만 원을 받게 되었다. 그 돈으로 은행 빚을 다 갚고 최근 임대 아파트의 전세를 갱신하며 1,500만 원을 받은 돈으로 또 빚을 갚았다. 이제 남은 빚은 800만 원, 마이너스가 30만 원으로 줄었다. 이 정도는 거뜬히 낼 수 있는 정도다.

그렇게 걱정하고 두려워한 개척교회도 한 분의 강력한 헌신으로 보증금을 마련했다. 그리고 심리상담연구소도 같이 열게 되었다.

내 전공은 카드 돌려막기에서 사람 살리는 사람으로

누군가가 나에게 세상에서 가장 잘하는 특기가 무엇이냐고 묻는다면 아마 나는 '카드 돌려막기'라고 말할 것 같다. 나는 그 정도로 돈을 잘 갚는다. 게다가 오랜 시간

단련이 되어 수중에 돈을 가진 것이 더 불안할 정도다. 내 인생을 탈탈 털어낼 만큼 많은 이야기를 했다. 자랑이 아니지만 어떻게 카드 돌려막기 전공자가 집 두 채를 소유하게 되었냐고 묻는다고 해도 말해 줄 게 이것밖에 없을지 모른다고 생각했다.

47년 인생을 살며 반이 가까운 20년 동안 카드 돌려막기 인생을 살았다. 그리고 성인이 되고 10년 동안 원금이 줄지 않는 이자를 겨우 갚으며 살았고, 일본에 가서 비로소 2년을 혼자 떨어져 살면서 원금을 갚게 됐다.

첫 집을 장만할 때 즈음 내가 깨달은 것은 돈을 갚는 재미, 돈을 모으는 재미를 알았다는 것일 테다. 돈을 쓰는 재미만 알았던 내가 집을 사고 난 뒤 악착같이 대출금을 상환하기 시작했다.

지금도 일본에서 산 시간처럼 작은 음료수 하나 사 먹지 않고 돈을 모은다. 5만 원이든 10만 원이든 돈이 생기면 모두 빚을 갚는다. 한때는 1년이 채 안 됐는데 천만 원을 상환 한 적도 있었다. 이렇게 집을 사고 약 7년을 빚을 갚아가며 안정이 됐을 때 남편의 속마음을 들을 수 있었다.

"이렇게 갚을 수 있어 다행이지만

난 빚을 지는 내내 마음이 콩알만 했었어."

그 말을 들으며 나는 남편에게 대답했다.

"그런데 나는 그 돈을 갚는 게 그렇게 힘들거나 어렵지

않더라. 나는 돌려막기로 단련됐거든."

남편은 크게 웃으며 말했다.

"그때의 고통(결혼 전 돌려막기 인생)은

이때를 위함(?)이었나.!!!"

웃자고 한 소리이지만 나에게는 필요한 재정 훈련이었

다. 그 덕분에 욕심내지 않고 사는 것을 배웠다.

현재 내가 있는 사무실은 보증금 천만 원에 55만 원의 월세를 내는 작은 사무실이다. 14평 남짓한 작은 사무실에서 평일에는 심리상담소를, 그리고 주일이면 예배를 드린다.

내가 건강한 방식으로 재정을 사용하지 못했다는 것을 잘 알고 있기에 사람들이 건강한 신앙과 재정관을 가질 수 있도록 상담을 진행하고 있다. 20년 가까이 사역하면서 나처럼 감정과 신앙을 구분하지 못하는 사람들도 많고 재정과 신앙을 분리해서 하나님께 구하지 못하는 사람들도 많이 만났다.

> "나는 왜 사람을 살리려고 했을까?
> 잘하지도 못하면서."

내가 이 말을 했을 때 남편은 나에게 말했다.

"네가 왜 사람을 살리고 싶어 하는지 알아?"

"왜?"

"네가 살고 싶어서야."

 그렇다. 나는 살고 싶었다. 그러려면 살아야 할 이유가 있어야 했다. 그 이유가 타인을 살리는 것이었다. 타인의 생명을 살리면 내가 살 이유가 있을 거로 생각했다.

 나는 하나님에게 그 정도로 낮은 자존감을 가진 사람이었다. 내가 타인을 살리는 사람이니 나를 살려 달라고 하나님에게 거래하고 있었다. 그래서 사역을 할 때마다 사역을 잘하는 것 같으면 힘이 났고 사역이 잘 안 되는 것 같으면 내가 살 가치가 없는 사람으로 생각했다.

"하나님은 지금 아무런 결과물이 없는 나를

내 치고 싶은데

내가 불쌍해서 내치지 못하시는 것 아닌가요?

내가 오갈 데 없는 불쌍한 사람이라

하나님이 차마 나를 버리지 못하시는 것 아닌가요?

하나님 당신은 대체 누구십니까?"

하나님이 왜 나를 그렇게 지키고 계시는지 그 이유를 이해할 수가 없었다. 그래도 하나님은 나에게 '살아야 한다'가 아니라 '살고 싶게' 만들었다.

누구나 다 살아야 할 이유가 있는 것은 아니다. 그러나

누구나 다 하나님이 살리고 싶은 사람들이다.

"너에게 살리라고 말한 적은 없다.

나는 그 말을 오직 나의 아들 예수에게만 했을 뿐이다.

내 아들의 죽음으로 바꾼 너, 나는 네가 살기를 바란다."

이 글을 쓰는 내내 상당히 조심스러웠다. 우리는 어느새 몇 년 전과는 비교할 수 없을 정도로 소유에 더 집착하는 사회를 살아가고 있다. 또 최근 부동산은 엄청난 상승을 일으켰다. 벼락부자의 반대로 벼락거지라는 말이 생길 정도니 말이다.

상대적 박탈감이 충만한 세계 속에 많은 젊은이는 무엇을 느끼며 살아갈까, 그들은 미래를 어떻게 느끼고 살아갈까, 암담한 미래가 그들에게 어떤 느낌을 전달하고 있을까, 돈 때문에, 돈이 주는 여러 감정에 치이고 실망하고 좌절하면서 혹여나 마음에 나쁜 마음을 먹는 것은 아닐까 생각하게 됐다.

그래서 최대한 진솔하고 정직하게 내 이야기를 쓰려고 했다. 절망이라는 끝은 없다. 하지만 광야에 길을 만드시고 사막에 강을 내시는 하나님이 나와 당신의 하나님이시다. 우리는 아무것도 가지지 않은 무자원의 인생, 소위 흙수저의 인생일지라도 그 하나님을 가까이 모시는 순간, 아니 그 하나님을 향해 달려가는 순간 우리는 결코 혼자가 아니며 무자원의 인생이 아니라는 것 하나만큼은 분명히 말해 주고 싶었다.

20대, 30대 크리스천 청년에게

더 말해

주고 싶은 이야기

1장 너무 가난해서 하나님을 잃었습니다

1. 우리 인생의 최대 자산은 바로 하나님이시다

신명기 10:9
그러므로 레위는 그의 형제 중에 분깃이 없으며 기업이 없고 네 하나님 여호와께서 그에게 말씀하심 같이 여호와가 그의 기업이시니라

이 말씀은 레위인에게 분깃을 주지 않으시고 평생 그 삶을 책임지시겠다는 하나님의 말씀이다. 어쨌든 아무것도 없는 것 같은 인생이지만 하나님이 책임져 주신다는 사실에서 우리는 이미 큰 것을 얻은 셈이다. 다음으로 아브라함이 될지, 야곱이 될지는 그건 앞으로 살아가는 우리의 몫이다.

2. 가장 값지고 귀한 자산은 노동할 힘이다

나는 20년간 큰 교회에서 사역하면서 정말 다양한 사

람을 많이 만났다. 그중에 가장 답답한 경우가 '일하지 않는 사람'이었다. 직업을 얻지 못하는 것도 아니었다. 그런데 자신의 직업이 곧 자신의 정체성으로 생각하는 경우가 많아 일하지 못하는 사람들이었다.

물량 중심의 자본주의 사회는 당연히 그럴듯한 직장과 그럴듯한 차, 그럴듯한 부동산을 소유한 사람이 단연 우월한 사람이다. 그런데 그 기준에 속으면 아무것도 할 수 없다. 당장 취업이 안 될 때는 50만 원이라도 벌 수 있는 아르바이트를 하는 것이 신성한 노동의 가치를 알려준다.

3. 돈에 대해 가지고 있는 나의 심리를 파악하자

이 책에서 4천만 원의 빚을 진 나의 민낯을 철저하게 드러낸 이유가 있다. 돈을 버는 대로 쓰지 않고 모으는 사람은 상관없는 얘기다. 차가 없어도 남에게 굴하지 않고 당당하게 살 수 있는 사람은 읽지 않아도 된다. 그리고 자신의 소득에서 5분의 1을 저축하고 그보다 더 많이 저축하는 사람도 읽지 않아도 된다. 이미 충분히 잘살고 있으니깐.

그런데 진짜 쓰지 않고는 못 배기는 사람이 있다. 그리고 그 사람이 정말 흙수저라고 한다면 자신이 돈에 대해서 어떤 심리가 있는지 진단부터 받아야 한다.

나는 강박적으로 소비하고 쓰는 심리가 있는 사람이었다. 그런데 반대로 나의 남편은 강박적으로 모으고 쓰지 않는 사람이었다. 이런 심리는 분명 우리가 자란 어린 시절과 관계가 깊다. 나의 부모에게서 온 삶의 패턴인데 나의 부모가 돈을 대하는 태도를 보면 나의 미래의 부가 정해진다. 자신도 모르게 그 패턴을 내면화했거나 그 삶을 되풀이 하고 또 부모의 행동을 내 삶에서 재현할 수 있다는 것을 발견하는 것은 매우 중요하다.

그래서 자신을 돌아보는 과정이 꼭 필요하다. 돈을 대하는 태도가 사소할 것 같지만 어쩌면 그 안에 내면의 고통과 상처, 인생이 들어가 있다. 그래야 벌어도 행복하게 모을 수 있고, 써도 의미 있게 쓸 수 있고, 모아도 많이 모을 수 있다.

2장 세상에 공짜는 없습니다

대가란, 어떤 일에 들인 노력이나 희생에 대해 받는 값이라 할 수 있다. 대가의 의미를 온전히 이해할 때 삶이 풍성해진다.

1. 하나님을 향한 대가를 선 지불하라

십일조는 믿음의 행위이다. 그것은 나의 소득의 근원이 하나님으로부터 온다는 믿음을 드리는 행위이다. 그것은 애초부터 내가 번 모든 소득이 내 것이 아니라 하나님의 것인데 그것을 다 드리면 살 수 없으니 그중에 십 분의 일을 드리는 것이다. 무엇보다 '하나님의 것'이라는 의식을 갖는 것은 내가 하나님을 향해 드리는 대가이다.

이 대가를 구원의 의미로 치환해서 오해하지 않았으면 좋겠다. 철저히 경제적인 관점으로 바라보길 바란다. 우리가 어찌 하나님에게 대가를 지급 할 수 있겠는가. 오로지 창조주이시며 우리의 삶의 주인이신 것을 고백하는 드러난 표현이라는 것에 집중할 필요가 있다.

2. 모든 빚에는 대가가 있다

나는 빚지는 것을 쉽게 생각했다. 그리고 그 대가는 참으로 혹독했다. 빚을 지면 꼭 갚아야 한다는 생각을 가져야 한다. 그것은 그 물건을 만든 재화의 주인을 향한 대가이다. 그 물건을 만들었던 사람은 그 물건을 통해서 이익을 얻고 돈을 벌 것이란 기대감으로 밤잠도 자지 않고 열심히 일한 대가이다.

우리는 카드로 물건을 사기 때문에 그런 생각을 종종 하지 못할 때가 있다. 그리고 가난하면 돈을 갚지 않아도 된다는 생각을 할 수 있다. 그런데 절대로 가난하다고 예외가 되는 때는 없다. 또한 돈이 없어도 선한 마음을 잃어버리지 않는 것이 우리 삶에 가장 큰 목표이다.

3. 대가를 이용할 수 있는 사람이 돼라

나는 요즘 재테크와 관련한 강의를 하면서 느끼는 건 정말 많은 사람이 부자가 되기 위해서 노력한다는 사실이다. 쉽게 유튜브만을 보아도 "부자가 되는 법"을 검색하면 정말 많은 정보가 쏟아져 나온다. 이런 것을 통해 발견한 사실이 있다. 사람들은 우리가 생각하는 것 이상을 생각한다는 것이다.

예를 들어 내가 1억의 빚을 졌다고 보자.
1억의 이자율이 연 3%라고 할 때 이자는 이렇게 계산된다.

$$1억 * 3\% = 3백만\ 원$$

이자는 1년에 3백만 원이다. 그걸 12달로 나누면 한 달에 내는 이자 금액이 된다.

$$3백만\ 원 \div 12개월 = 25만\ 원$$

만약 매달 갚는 원금이 백만 원이면 우리는 매달 은행에 125만 원을 주는 것이다. 그런데 상식적으로 여기서 돈을 아끼는 방법은 바로 원금 1억을 최대한 줄이는 것이다.

나는 돈이 생길 때마다 원금을 상환하고 그 이자 금액이 줄어드는 것을 재미로 돈을 갚았다. 만약 내가 천만 원을 갚으면 이자는 이렇게 변한다.

$$9천만 원 * 3\% = 270만 원$$

연이자는 270만 원으로 줄었고 매달 내는 이자는 225,000원으로 줄었다. 나는 대출을 통해 소득의 60%를 대출상환금으로 지불하고 그것을 통해 집을 장만했다. 즉, 대가의 개념을 잘 이용하면 당장 내가 가진 것이 없지만 내가 가진 가능성을 끌어다가 쓸 수 있다. 그것을 최근 많이 쓰는 용어로 '레버리지'(leverage)라고 한다.

쉽게 설명하자면, 현재 나의 월급이 200만 원밖에 되지 않지만, 그중에 125만 원의 대가를 10년 동안 지급할 계획을 하고 10년만큼의 금액을 당겨쓰면 1억 2천을 내 수중에 담을 수 있다. 그걸로 차나 명품을 사면 절대 안 되고 거처할 수 있는 집을 마련한다.

4. 레버러지 그 이상을 뛰어넘는 감각을 키워라

위의 이야기처럼 대출이라는 대가를 이용해서 자신의 자산 가치를 올리는 방법이 내 생각에는 가장 적극적이고 공격적인 방법이라고 생각했다. 그런데 재테크 전문가들은 대출을 절대로 갚지 말라고 한다. 왜냐면 대출은 은행이 나에게 준 레버리지이고 현금을 들고 있어야 언제든 투자를 할 수 있으며 나중에 빌리려 하면 대출이 나오지 않기 때문이라고 한다.

이런 투자를 하는 경우는 자신의 자산이 적어도 안정적으로 모여 있을 때 할 수 있는 투자의 전략이다. 적어도 자신의 소유로 된 집을 마련하고, 주택담보대출이라는 상환 비율이 소득의 5분의 1 정도 되고 차를 포함한 유동자산이 빚으로 구성되어 있지 않을 때 할 수 있는 전략이다.

대출은 양날의 칼과 같은 양면성을 가지고 있다. 만약 금리가 두 배로 오를 경우를 대비해서 자신의 소득 예상 범위안에서 대출을 받아야 한다. 만약 금리가 두 배로 오르면 위의 예시로 1억을 빌리고 매달 25만 원의 이자를 내는 것인데 원금 100만 원에 두 배로 이자가 올랐으니 매달 150만 원을 은행에 상환해야 한다.

또한 대가는 모든 삶에 있다. 타인이 가진 대가를 존중하면 우리의 삶은 변한다.

"시간은 금이다."라는 명제로 생각해 보면 타인이 가진 시간은 즉 그 사람의 돈이다. 아르바이트를 쓴다면 그 사람의 금값 즉, 대가를 지불해 주는 것이다. 내가 만나는 사람이 가진 자원을 활용할 때 그것을 감사할 줄 알고 그 대가를 지불 할 수 있는 마음을 가진다면 분명 삶이 달라질 것이다. 그만큼 신뢰를 얻게 될 것이다.

그렇지만 이런 사람일수록 조심할 것은 그런 자신을 이용하려는 사람이 꼭 있다는 것이다. 나의 대가를 존중해주지 않는 사람, 오히려 그런 나의 대가를 이용하려는 사람을 알아차리는 게 지혜다. 그래서 이런 감각은 매우 중요하다. 냉혹한 사람이 되라는 것이 아니다. 그만큼 나를 신뢰하고 남을 존중하며 동시에 자신을 관리하면서 떳떳하게 살 수 있는 근간이 재정을 잘 관리할 수 있는 크리스천으로 필요한 삶의 정신이기 때문이다.

3장 절약하는 것을 처음 배웠습니다

1. 성경은 절제와 나눔을 좋아한다

성경은 소비하는 삶을 담지 않는다. 레위기의 먹어야 할 음식과 먹지 말아야 할 음식을 가리는 것은 절제된 삶을 의미하고 이를 통해 고혈압이나 당뇨를 예방할 수 있다. 음식이 절제되면 그만큼 생활비가 절약된다.

그러나 절약에 종착지는 사도행전 2장의 나눔이다. 나는 결혼하기 전까지도 절약의 삶이 잘 습관이 되지 않았었다. 그래서 내가 선택한 것이 대출이었고 그것은 엄청난 결과를 가져왔다.

나눔이라는 가치는 아름다운 것이지만 나눔의 의미는 숙고할 필요가 있다. 성령이 임한 교회는 소유에 대한 집착을 버릴 수 있었다. 이것은 인간 역사에 일어난 충격적인 변화라 할 수 있다. 절제와 나눔의 실천은 동전의 앞뒤 면이라 할 수있다.

2. 하고 싶은 것 다 하고는 돈을 모을 수 없다

어떤 사람도 할 것 다 하고 부자가 되는 사람은 없다. 내가 일본에서 김치와 달걀과 밥만 먹었을 때 그것이 나만의 경험인 줄 알았다. 그런데 빚을 갚기 위해 나와 같은 삶을 사는 사람을 여럿 만나며 깜짝 놀랐다.

어떤 것도 자동으로 얻어지는 것은 없다. 절약하지 않으면 여유가 올 수 없다. 누구도 할 것 다 하고 부자 되는 사람은 없지만, 부자가 되고 할 것 다 하고는 살 수 있다.

3. 결혼 비용을 아끼자

이제 막 결혼 하려고 하는 예비부부에게 해주고 싶은 말이다. 결혼식에 들어가는 비용을 최대한 아끼길 바란다. 남편은 결혼 전에 인터넷으로 두란노 결혼예비학교라는 강의를 함께 듣자고 했다. 다른 건 기억이 나지 않지만 결혼 비용을 아끼라는 말이 가장 기억에 남았다.

우리가 예단 비용을 합쳐서 천만 원으로 결혼을 하게

된 이유는 첫째 돈이 없어서였고, 둘째 그 강의를 듣고 그렇게 했기 때문이다. 결혼 비용이 현재 평균 3천만 원에서 5천만 원이라고 생각할 때 만약 그 돈을 집을 장만하는데 투자한다면 이야기는 달라진다.

내가 아는 한 청년은 결혼할 때 오피스텔에서 시작했다고 한다. 오피스텔의 장점은 모든 옵션이 다 들어가 있다. 내가 결혼할 때도 모든 옵션이 들어간 원룸에서 시작했다. 그렇게 하고 보니 혼수 비용이 자연스럽게 아끼게 됐다. 혼수도 너무 그것 자체에 집착할 필요가 없다. 필요한 것만 그때그때 사서 쓰면 된다.

4. 자산을 불리고자 할 때

만약 집을 사려고 돈을 모으고 있는데 자산을 불리려고 한다면 내가 추천할 방법은 이것뿐이다. 이 이야기는 돈을 많이 가진 사람을 위한 정보가 아니다. 무조건 안전하게 가는 방법이다.

은행에 돈을 차곡차곡 모으는 것도 좋다. 하지만 이자의 변동이 전혀 없을 것이다. 가장 안전한 방법이라면 새

마을금고 같은 곳은 신탁 배당금이 가장 높다. 그렇게 투자하는 것이 좋다고 생각한다.

그런데 변액보험, 연금 등과 같은 보험 상품은 먼 미래의 월급을 위한 것이기 때문에 나중에 부동산 자산이 확보됐을 때 여유자금으로 할 것을 추천한다. 만약 집을 사려고 인출한다고 하면 얼마간의 손해를 보고 찾아야 한다.

다음으로 가장 많이 생각해 볼 수 있는 것이 주식인데 주식은 절대로 누구에게 투자를 부탁하지 않았으면 한다. 인터넷 검색에서 '주식 시총 순위'를 검색하면 1위에서 10위까지 가장 안전하게 성장하는 주식들이 나온다. 거기에서 가장 전망이 있는 것 순위로 분산해서 투자한다. 절대 단타로는 주식의 이익을 얻을 수 없으므로 회사가 망하지 않는 이상 오래 놔두면 이익을 얻게 된다.

나의 경우는 주식이나 예금을 하지 않았다. 먼저 집을 사고 그 집의 대출을 갚는 것이 가장 우선적인 일이었다. 일본에서 살면서 살인적인 월세를 경험하고 보면서 만약 내가 집이 없다면 저런 월세를 내야 한다는 것을 뼈저리게 느꼈다.

정말 월세 낸다고 생각하고, 미국 사람들의 주택담보대출처럼 집을 장만하고 갚아가면 그게 내 집이 된다. 그래서 되도록 '돈을 모으면 집을 사야지'라는 생각보다는 '집을 사고 돈을 모아야지'라고 생각했으면 한다.

평균 인플레이션의 수치를 5%라고 할 때 그 수치에는 부동산 상승 값이 반영되지 않는다. 부동산은 유동 자산이 아니기 때문에 인플레이션의 기준에 들어가지 않기 때문이다.

예를 들어 여러분이 이 책을 읽는 시점에서 생각해보자. 현재 1억으로는 수도권의 어떤 집도 살 수 없다. 심지어 경기도를 넘어서도 마찬가지다. 지금 사는 청파동 집을 살 때 세를 안고 빌린 돈이 1억 3천이었다. 그런데 요새는 그 돈으로 집을 장만할 수가 없다. 즉, 화폐는 계속 가치가 하락하고 물가는 상승한다.

4장 어쩌다 재테크, 집이 두 채 생겼습니다

1. 부동산은 꼭 사야 할까?

이 이야기는 재산의 관점에서 말하는 것이 아니다. 재산이 많이 있는 사람들은 이미 돈이 돈을 버는 구조를 구축한 사람들이다. 그런 사람들은 말하지 않아도 이미 수많은 정보와 넘쳐나는 강의를 들으며 자신의 재산을 증식할 방법을 알고 또 증식했고 더 모으기 위해 찾고 있다는 것을 알았다.

그런데 내 이야기를 필요로 하는 사람은 그런 사람이 아닐 것이다. 나와 같은 마이너스에서 인생을 시작하는 사람들에게 하고 싶은 이야기다. 그래서 그런 사람들이 어떻게 앞으로 인생을 설계하고 나가야 할지 함께 이야기를 나누고자 한다.

투자가 아니라 나는 근본적인 주거와 삶을 강조하고 싶다. 만약 내가 투자를 말하려면 서울 용산에 단독 주택이 아닌 아파트를 사야 한다고 할 것이다. 지금 우리 단독 주택과 주변 아파트의 시세는 딱 3배 차이가 난다.

우리 집은 주차장도 없어서 15분을 걸어 그것도 효창동에 있는 공영 주차장을 5년 만에 겨우 이용하기 시작했다. 여러가지로 살펴볼 때 엄밀히 말하면 내 경우는 투자에 성공한 것도 아니다. 당시 더 무리해서 아파트를 샀다면 아마 3배의 차액을 얻었을 것이다. 그런데 나는 후회하지 않는다.

이 집이 있어서 친정 부모님이 함께 살게 됐고 1억이라는 돈을 들여서 고치고 난 다음에는 지금까지 살던 그 어떤 집보다 가장 좋은 집이 되었기 때문이다.

그래서 경우가 다르지만, 꼭 집을 사라고 말하고 싶다. 3억2천5백만 원이라는 돈은 이제 그 어느 곳에서도 지금 같은 집을 살 수 없다 . 그리고 더 좋은 점은 세를 올려달라고 하는 사람도 없고, 관리비를 낼 필요도 없다는 것, 그리고 더이상 이사를 하지 않아도 된다.

부동산을 구하려는 사람은 먼저 내 삶의 무대가 어디인지 살펴볼 필요가 있다. 어떤 사람은 꼭 서울에서 일해야 하는 사람이 있다. 혹은 어떤 사람은 지방에 거점을 두고 있는 사람이 있다. 그리고 어떤 사람은 아예 귀농하는 경우가 있다. 자신의 무대가 어디냐에 따라서 집값이 다 다르다. 문제는 서울을 주 무대로 하는 경우는 서울에 집을 얻어야 하는데 집값이 턱없이 올랐기 때문인데, 나라면 서울의 빌라를 선택할 것 같다.

빌라는 관리비를 내지 않는다. 특히 단독과 빌라는 공시지가가 매우 낮게 책정되고 세금도 싸다. 출퇴근할 때도 많은 거리를 움직이지 않아도 되기 때문에 기름값이 상대적으로 절약된다.

일단 거주하기 위해서 초기 자금이 없을 때는 전세대출을 권한다. 내가 아는 사람은 아파트 3억 전세에 실제 자기 자신의 비용은 500만 원밖에 되지 않는다. 그리고 직장을 다니는 관계로 전세대출 이자율이 1.5%정도였다. 전세대출을 받을 수 있다면 상대적으로 월세보다는 적은 월 지출이 발생한다.

혹은 자신의 소득을 따로 모아두면 다음 계약에서 또 넓은 집으로 가거나 이사 갈 수 있다. 대신 전세대출은 집이 있으면 받기가 어렵다. 투자는 꼭 안전한 곳을 위주로 진행해야 한다. 누가 돈을 크게 벌어 주겠다며 돈을 자신에게 달라고 하면 그 순간 망하는 것으로 생각해야 한다. 돈은 절대 남이 벌어 주지 않는다. 나의 피와 땀이 들어가야 진짜 돈이 모인다.

2. 청약만큼 좋은 것은 없다

책 첫 장면에서 전도사인 내가 어떻게 1년에 삼천만 원을 갚을 수 있냐고 물어보았던 청년에 관한 이야기이다.

2015년 부동산 청약의 자료를 보다가 시흥 은계지구 청약 분양가가 1억 5천만 원에 나온 공고를 보았다. 나는 그 청년에게 자료를 보여 주면서 말했다.

"서울이 아니고 멀어서 그렇기는 하지만, 내가 보기에 25평 새 아파트가 1억 5천만 원 하는 곳은 어디에도 없는 것 같아 한번 넣어 볼래?"

신혼생활 중이던 청년은 1억에 전세로 살고 있었다. 그리고 아내와 의논하고 정말 사게 되었다. 청약은 좋은 아파트를 싸게 살 좋은 기회이다. 물론 당첨되는 게 쉽지 않다. 그래도 가장 많은 기회가 신혼에게 주는 특별공급이다. 내가 아는 사람은 중소기업을 다니는 사람인데 중소

기업 특별공급에서 당첨되기도 했다.

나는 솔직히 아버님이 남편을 위해 십 년 넘게 부어 주신 남편의 청약통장을 아무 생각 없이 깨버린 사람이다. 그때 나는 청약의 의미를 몰랐다. 청약통장이 그렇게 귀중한 것인 줄 알았으면 절대 그런 일을 하지 않았을 것이다. 그런데 변명 같겠지만 당시 서울 청약 분양가 평균이 4억이었다.

서울에 아파트가 넘쳐나고 집값이 내려갈 것이라고 전문가들이 예상하는 시대에 청약에 당첨됐다면 주저하지 말고 분양받을 것을 권한다.

원래 부동 자산인 집도 감가상각의 대상이다. 우리가 사는 차도 시간이 지나면 가격이 하락한다. 집은 오르기 위해서 혹은 돈을 벌기 위해서 사는 자산이 아니어야 한다. 집은 이미 사용하는 그 순간부터 그 값을 지불하고 있는 셈이다. 그러니 내 가족이 안전하게 머문 그 순간부터 그 집은 가치를 충분히 지불하고 있다고 생각하면 마음이 편하다.

3. 이자율은 그 사람의 경제력을 말한다

신용도가 높은 사람은 은행에서 낮은 이자를 책정한다. 나는 이게 정말 이해가 안 갔다. 신용도가 낮고 돈이 없는 사람에게 낮은 이자를 적용해 주어야 한다고 생각했기 때문이다. 2007년에 내가 25%의 현금서비스 이자율을 부담하고 있을 때 나보다 훨씬 경제적 수준이 좋았던 분의 현금서비스 이자율은 8%였다.

은행은 돈과 자산을 많이 소유한 사람들에게 낮은 이자율을 책정한다. 자산을 소유한 사람은 그만큼 위험 부담이 덜하다고 판단한다. 그런데 이자율이 높다는 것은 '언젠가 당신이 우리 은행의 돈을 갚지 않을 때를 대비해 조금 높은 이자율로 그 위험 부담을 미리 충당하겠습니다'라는 의미로 해석하면 된다.

따라서 신용을 잘 관리한다는 것은 단순히 연체를 안 하면 되는 수준이 아니라 재산 소유 정도와 동시에 카드를 통해 금융 소비를 하고, 금융자산 예금이나 주식을 잘 가지고 있는 사람을 높은 신용을 가진 사람이라고 평가한다는 것을 의미한다. 이런 사람은 돈을 빌릴 때 낮은 이자율을 낸다.

만약 1억 대출의 이자율 3%에서 1.5%만 낮춰도 월 15만 원을 아끼는 것이고 일 년이 지나면 180만 원을 벌게 된다. 그리고 10년이면 대략 원금 갚는 것을 고려할 때 약 천만 원을 아낄 수 있다.

그러므로 사회생활을 시작하는 초기부터 철저하게 신용을 관리하고 돈을 모으면 정작 집을 살 때 남보다 더 싸게 집을 살 수 있다는 말이 된다.

또한 투자자들은 재개발을 바라보고 단독 주택을 산다. 나도 우리가 사는 집이 재개발돼서 아파트가 된다면 정말 좋겠다. 투자용으로 단독 주택을 산다면 정말 커다란 이익을 볼 수 있을 것이다. 하지만 투자를 위해 단독 주택을 매수하는 경우, 대부분의 단독 주택은 곰팡이와 누수, 결로가 다반사이다. 그걸로 세입자는 이 년 혹은 일 년도 못 살고 나갈 것이고 세입자가 한 번씩 나갈 때마다 부동산 수임료를 50만 원 이상은 내야 할 지도 모른다. 또한 옥상 방수는 기본이 100만 원이고 결로 해결을 위해 대수선을 해도 반지하 같은 경우는 건물 구조와 바닥 수평을 맞추지 않는 이상 누수는 결코 해결할 수가 없다.

나라면 차라리 돈을 들여 대수선하고 그 집에서 살 것을 권한다. 내가 꾸민 집에는 애착이 생긴다. 우리 집에도 아기자기한 맛과 멋이 있다. 나의 아들은 매일 저녁밥 먹고 발뒤꿈치 도장을 찍으며 운동을 한다. 그 소리가 어찌나 큰지 2층까지 소리가 올라온다. 그런데 아무도 시끄럽다고 올라오지 않는다. 나는 개인적으로 성격이 예민해서 위층에서 누가 쿵쾅거리면 잠을 못 잔다. 단독 주택은 투자를 위해서 사는 것보다 실거주하면서 투자하는 것이 좋고 나처럼 자본이 많지 않은 사람이 아파트보다 소유하기가 용이하다.

그리고 단독 주택과 빌라는 가격이 비슷하지만, 아파트보다 더 저렴하다. 빌라는 아파트도 아니면서 아파트 같은 공동 주택의 성격을 가지고 있다. 아버지의 이름으로 된 집을 샀을 때 그 빌라가 상위층 빌라였다.

그런데 옥상은 공용 공간이라 여러 사람이 빨래를 널기 위해, 혹은 텃밭을 가꾸기 위해 드나드는 공간이었다. 하지만 옥상에서 누수가 발생했을 때 입주자들은 비용을 지불하려고 하지 않았다. 그래서 하는 수 없이 우리는 60만 원을 들여 방수 공사를 했다.

또한 빌라도 재개발이 예정되어야 투자자들이 사려고 하고 값이 오르지만, 신축 빌라의 경우에는 재개발의 가능성이 없기에 그 차이도 알고 있으면 한다.

무엇보다 서울에서 거주하고 싶은데 아파트는 턱없이 비싼 경우, 빌라를 알아보고있다면 빌라의 구조와 넓은 전용면적, 그리고 지분의 소유 여부를 따져서 실속있게 구매하고 리모델링을 해서 사는 것을 권하고 싶다. 대신 재개발이 아닌 이상 아파트만큼의 극적인 가격의 반전은 기대하기 어려울 듯 하다. 나의 이야기가 실거주를 위한 무주택자들을 위한 이야기로 도움이 되기를 바란다.

4. 준비됐는가? 유목민의 삶!

처음 우리가 아파트를 샀을 때, 우리 전셋집 주인은 부동산을 운영하고 있었다. 같이 오래 지낸 탓에 그가 말하는 돈 버는 방법을 소개하고자 한다.
1) 원룸촌에서는 넓은 대지의 빌딩보다는 좁은 대지의 높은 빌딩이 세가 더 잘 나온다.
2) 내 집이 아니라고 생각해야 돈을 번다.

3) 아기가 없을 때 돈을 모을 수 있다.

4) 아기가 있다면 얻어 입히자.

아기가 태어나고 어느 정도 주변 사람들의 옷이나 장난감을 받아 사용했어도, 아이가 사회생활의 시작인 어린이집 생활이 시작되면 고민이 생기는 건 당연한 일이다. 하지만 초등학교를 들어가기 전까지는 육아용품, 도서, 장난감 등을 빌리고 얻어 쓴다고 생각하면 돈을 잘 모을 수 있다.

5) 아이가 있다면 재정교육을 하자

아이에게 가르쳐야 하는 것은 소유에 대한 감각이다. 아이에게 대부분 중고를 줬지만 그래도 아이가 카봇을 좋아하기 시작한 때부터는 일부러 새 장난감을 사주곤 했다. 놀이는 아이의 무의식을 불러일으키는 통로이기 때문에 장난감에 대해선 관대할 필요가 있다. 하지만 부모님은 아이가 좋은 옷을 입지 않는다고 생각해서 항상 불만이었다. 그럴 때마다 나는 아버지에게 이렇게 말한다.

"아빠 저는 계획이 다 있어요."

아버지는 냉소적으로 대답하셨다.

"계획해라~!!"

옷은 사춘기가 되면 자기 외모의 관심을 두기 시작할 때 사주려고 한다. 교육은 학습지 하나면 되고, 7세까지는 전두엽이 발달하는 시기이기 때문에 놀이를 더 우위에 두고 있다.

지금도 걱정인 건 사교육이다. 어디까지 가르쳐야 할지 제일 고민된다. 그러나 되도록 다양한 교양 학원에 다니도록 하고 자신이 갖고 싶은 취미를 집중적으로 배울 수 있게 하려고 한다. 나는 되도록 그게 피아노였으면 하지만 아이의 가능성을 열어두고 있다.

내가 말하고 싶은 것은 남에게 잘사는 것을 보여 주기 위한 삶이 아닌, 유목민의 삶을 살아도 자신의 주관을 가지고 살아가는 것을 권하고 싶다. 유목민의 삶은 짧게는 5년에서 길게는 10년이면 충분한 것 같다. 새로 시작하는 청년들이 자신이 원하는 목표를 보고 오롯이 그 길을 갈 때 더 멋있다고 생각한다.

5장 재정 훈련을 받고 있습니다

1. 당신의 안 좋은 습관은 무엇입니까?

비록 가진 것은 없지만 나 혼자만 잘 먹고 잘살아도 되는 정도라고 한다면 그것도 큰 감사의 조건이라는 것을 잊지 않기를 바란다. 하지만 내가 감당하기 어려운 인생의 무게가 너무 무겁다면 혼자 해결하려고 하지 말고 전문가의 도움을 받기를 권하고 싶다.

예를 들어 부모의 채무나 감당하기 어려운 일은 꼭 법무사를 비롯한 전문가의 도움을 받으면 좋다. 가끔 큰 교회의 주보 광고를 보면 무료 법률상담을 지원해주는 교회들이 있다.

우리 집 세입자가 이사할 때 일이었다. 법원에서 통지서가 날아왔다. "세입자에게 천만 원의 빚이 있으니 당신이 가진 그 세입자의 보증금을 내어주지 마십시오." 그래서 법원에 전화해서 알아봤더니, 세입자는 450만 원의 자기 자본인 것과 전세금의 나머지 7,550만 원은 모두 LH에서 대출을 받은 것임을 알게 되었다. 문제는 우리나라에서 1억 이하의 보증금은 임대인을 보호하는 차원에서 채무자가 돈을 함부로 가져갈 수 없다.

나는 소명서를 작성하고 법원에 보냈다.

"현재 본 집의 세입자는 8천만 원의 전세금으로 되어 있지만, LH 전세대출 7,550만 원을 제외한 450만 원이 그의 순 보증금이다. 그 때문에 이 금액은 채무 변제에 도움이 되지 못한다."

처음으로 작성한 소명서를 법원에 제출하고, 채무를 담당하는 법무사에게 전화를 받았다. 당시 세입자에게는 말하지도 않고 어떻게 진행되는지 알아보려고 스스로 움직였던 것 같다. 법무사는 원래 원금은 500만 원이었고 이자가 붙어나서 천만 원이 되었다고 설명해줬다. 그러더니 450만 원으로 조정해주고 10개월의 할부로 갚게 해주겠다고 제안했다. 그런데 문제는 당사자인 세입자와 통화가 안 되고 있어 고민이라 했다.

나는 세입자에게 전화를 걸어 이 과정을 다 설명해줬다. 세입자는 법무사와 통화를 했고 계약금의 형식으로 내 쪽에서 소유한 100만 원을 세입자와 합의 하여 법무사 측에 보내주고 월 35만 원을 갚아가도록 했다. 원래 그 세입자와는 미묘한 신경전이 있었는데 이 일을 계기로 그분은 나에게 고마워했고 달라진 태도를 보였다. 최근의 법은 곤란함에 처한 사람들을 도울 수 있는 여러 제도가 많이 생겨나고 있다. 그러니 꼭 혼자 고민하지 말고 전문가와 상의해 보길 바란다.

2. 새로운 것을 시작할 수 있는 준비를 하자

특히 직장인들은 이 마음을 가져야 한다. 소위 더럽고, 치사해서 일을 그만두려고 마음 먹을 때가 많지만 일이라는 것이 원래 그런 것이다 생각하면 좀 낫다. 남의 돈을 받는 일은 쉬운 일이 아니다.

하지만 내가 사장이 되면 더럽고 치사할 일은 더는 없다. 내가 내 밥을 먹을 수 있는 능력이 될 때까지 견디고 일하는 것, 그것도 능력이고 자산이 된다.

기술을 가진 사람은 나이가 몇 살이든 어디든 갈 수 있는 것 같다. 그런데 기술을 가진 사람은 성실함을 덕으로 삼아야 할 것이다. 의외로 기술을 가지고 놀고 있는 사람들을 많이 봤다. 이 일 후에 내가 할 수 있는 것이 마련되지 않는 이상 절대로 사표를 쓰지 마라. 그렇다고 잘리거나 떠밀려서 나와도 절대 끝이 아닌 것을 말해 주고 싶다.

3. 부부가 함께 재산을 모아라

남편은 첫 직장에 들어가 세금 제외 실수령액으로 180만 원을 받았다. 나도 그와 비슷했다.

우리는 모든 돈을 함께 관리한다. 결혼한 이상 누구의 돈이거나 누구의 재산이라는 개념을 없애고 함께 관리했더니 쉽게 빚을 갚을 수 있었다.

2010년 10월 결혼 후, 우리의 생활비는 둘이 합쳐 360만 원이었고 십일조는 세전 금액으로 냈기 때문에 약 300만 원이 생활비였다. 그때 이미 가지고 있던 빚 천만 원과 박사 과정 재입학으로 많은 돈이 모이지 않고 있었다. 그래도 월급은 올랐고 이듬해 우리는 둘이 400만 원을 받았다.

남자와 여자는 서로 하고 싶은 것도 다르고 관심도 다르다. 하지만 재정을 함께 관리하고 의논하면 돈에 대해 떳떳하고 동지 의식을 가질 수 있다.

4. 7년의 풍년 동안 대비하라

이걸 쓰면서 나도 놀랍다. 정말 숨 막히게 열심히 살았구나 싶다. 아버지가 아들 옷 좀 사 입히라고 했던 말이 떠올랐다. 2014년부터 2021년까지 정확하게 7년이다. 7년 동안 잘못된 재정 습관의 옷을 벗어버리고 때때로 팍팍하게 살고 악착같이 살면서 준비했다.

나는 강창희 대표의 강연을 좋아하는데, 그분은 일본에서 일본인의 노후를 보며 얻은 통찰로 노년에 가지는 안전 자산을 일컬어 '노동력'이라 말씀하신 적이 있다.

소위 노후 준비 자금이 4억이라고 할 때 연 최고 2%의 이자율을 은행에서 받는다고 하면 약 50만 원이 된다. 그런데 나이 들어 폐휴지를 주워도 50만 원은 벌 수 있다.

문제는 우리가 노동할 수 있는 능력이 있냐는 것이다. 만약 우리가 노동력을 가지면 4억을 가진 자산가 부럽지 않다는 것이 그분 강의의 핵심이다.

나는 그분의 말에 전적으로 동의한다. 우리는 100세 시대에 살고 있다. 나는 벌써 47살밖에 안 됐는데도 경제적으로 말하면 소위 노동시장에서 밀려났다. 하지만 지금 나는 미치도록 행복하다. 하고 싶은 일을 하고 있고 시간을 무의미하게 보내지도 않는다. 나는 재정을 잘 관리하고 있고 삶으로 배운 것들이 너무도 많다. 당신에게도 묻고 싶다. 당신은 지금 하는 일 다음에 무엇을 대비하고 있는지 …